내 영혼의 편지

KB190420

특별히 _____님께

이 소중한 책을 드립니다.

전 담 양 목 사 의 영 성 시 와 메 시 지

내 영혼의 편지

서유(邀愉) 전담양 목사 지음

나침반

하나님으로 인하여 만족한다고 고백 할 수 있다면....

오랜만에 서재 한구석에서 숨죽이며 어루만져 주길 기다리던 앨범을 꺼내보았습니다. 빛바랜 사진 속의 나를 보며 오래전 그 추억의 언덕에서 느꼈던 감정들, 풍경들. 부드럽게 웃으며 내 손을 스쳤던 바람들... 이 모든 것이 바로 어제 일처럼 생생합니다. 그러나 오늘의 나를 볼 때 어제의 푸른 잎사귀 같던 내가 너무 어색해서 아쉬운 한숨을 내쉬는 것이 우리 모두의 경험일 것입니다.

그런데 아십니까?

시간이 흐르고 젊음의 푸른 날의 색이 바래져도 변하지 않는 실제는, 하나님 그리고 나를 향하신 주님의 사랑은 언제나 새롭고 충만하다는 것을!

태초에 하나님이 말씀하십니다.

"하나님이 이르시되 빛이 있으라!"

흑암이 깊고 혼돈이 가득할 때 주님의 음성은 새 생명의 창조 능력으로 모든 만물을 아름답게 하셨습니다.

그렇기에 모든 만물은 하나님의 마음이요 우리를 향하신 하나님의 사랑의 증거입니다.

그 마음을 그 사랑을 발견하고 느꼈기에 다윗은 사망의 음침한 골짜기에서도 여호와 하나님으로 인하여 만족한다고 고백했고, 예수님께서도 광야에서 은혜의 식탁을 베푸실 하나님께 감사하셨던 것입니다.

이 세상에 존재하는 책들 그리고 글들은 읽어주길 바라며 사람들을 기다리고 있고 작가와 소통하며 공감해 주기를 바랍니다. 그러나 솔직한 고백을 하자면 나는 이 글들을 읽어가는 당신이 나를 잊어주기를 바랍니다.

부족한 글 솜씨와 어색함이 있지만 나의 이 글들 속에서 고백되는 하나님! 그분의 손길, 그분의 변치않는 은혜가 당신의 빛 바래가는 인생 속에 위로와 평강과 축복이 되고 창조하는 통로와 지팡이와 막대기로 쓰임 받을 수 있기를 소망합니다.

그래서 우리 언젠가 우연이라도 어디선가 만나게 된다면 차 한 잔이라도 함께 마시면서 부요하신 은혜로 우리네 삶에 기름 부으신 하나님을 이야기할 수 있기를 바랍니다.

저의 삶에, 당신의 삶에, 나타내시는 주님의 러브레터!

당신에게 드립니다.

주님 안에 있는 우리이길 바라며...

전담양 목사

(임마누엘교회 목사/시인)

시는 인간의 삶과 영혼의 심연에서 우러나오는 자연스러운 외침이다. 한 생명을 천하보다 귀하게 여기는 그리스도의 심장으로 살아가는 하나님의 사람 전담양 목사님 속에는 그리스도의 피와 맥이 그의 삶 속에 도도히 흐르고 있다.

목회자요 시인이기도 한 저자는 자신이 하나님과 동행함으로 체험하는 하나님의 사랑과 가능성을 자신의 체험적 신앙과 삶의 경륜에서 나오는 생명의 언어들로 풀어냈다.

구도자들이 저자의 시들을 통해 세상의 방황이나 미로에서 빛의 출구를 찾는 길이 되기를 바라고 기대해본다.

- (사)가정문화원 이사장 두상달

복잡한 세상살이 가운데 잠시 쉬어갈 틈을 마련하고 싶을 때, 한 권의 시집은 탈출구가 되어줍니다. 실례로 겸허한 어조가 특징인 전담양 목사님의 시는 깊은 묵상에서 나온 글이어서 연이어 되뇌다보면 하나님께서 우리에게 말씀하시는 소소한 것들을 깨닫는 은혜를 얻게 됩니다. 특별히 저자의 시를 쓴 배경에 대한 설명은 시를 깊이 묵상하는데 큰 도움을 줄 것입니다

지친 삶 가운데 세밀한 하나님의 음성을 듣기 원하시는 분들께 전담양 목사님의 '내 영혼의 편지'를 기쁜 마음으로 추천합니다. 책을 읽는 모든 독자들이 조용하고 수더분하게 말씀하시는 하나님의 음성을 직접 느끼시기를 간절히 소망합니다.

- 극동방송 사장 한기붕 장로

전담양 목사님의 시와 메시지는 하나님의 말씀을 생생하게 느끼게 합니다.

가슴이 뜨거워지고 두 손을 쥐고 일어서게 합니다.

'하나님의 가능성'이란 시를 통해 시인은 이렇게 도전합니다.

"말씀의 테이블 위에서, 주님께서 베푸시는 평안의 차를 마셔보지 않겠습니까? 오늘도 그분은 우리를 기다리고 계십니다."

그래서 시의 내용대로 차를 마셨습니다. 새로운 은혜를 경험했습니다. 혼자 읽으며 주변의 많은 사람들을 떠올렸습니다. 그리고 읊조렸습니다. '함께 읽으면 얼마나 좋을까?' 많은 분들에게 소개하고 추천하고 싶습니다.

오늘 하루도 시인의 시와 함께 마감하고 싶습니다.

- 성광침례교회 유관재 목사

하루를 시작하며 매일 아침 생방송을 진행하러 가기 위해 준비하는 시간에 저는 기독교방송에서 전담양 목사님의 시 낭독시간을 매일 기다립니다.

목사님께서 직접 낭독해 주시는 시는 하나님의 마음이 가득 담겨져 있어 위로의 음성으로 말씀하시며 제게 내미시는 그분의 손길로 다가옵니다.

무릎을 꿇지 않고는 나올 수 없는 목사님의 시 한 구절 한 구절이 저뿐 아니라 가슴으로 읽는 모든 이들에게 하나님의 마음에 푹 적셔지고 포근히 안겨지는 소중한 시간이 분명될 것입니다.

- 찬양사역자/방송인 송정미

목차

1. 그분은 나의 아버지

인생을 살다 지칠 때 나를 가장 사랑하신 분, 나를 낳으시고, 길러주신 부모님을 떠올립니다. 그러나 이 세상 부모는 자식을 잊을지 모르나, 우리에게 생기로 부으시고, 생령으로 태어나게 하신 우리의 주 아버지 하나님은 언제나 나의 편이 되어 주셨습니다.

아침에 눈을 뜨고, 바쁜 삶을 살 때, 은혜의 빛을 비춰주시고, 힘들고 지칠 때 넘치는 위로를 주시고, 부족함과 연약함 속에 언제나 충만으로 부으셨던 그분은 바로 우리 영혼의 아버지이십니다. 나를 향한 하나님의 사랑은 특별할 때만 기억될 것이 아니라, 그 사랑은 언제나 기억되어야 하고, 감사해야 할 일입니다. 이처럼, 나를 향한 주님의 사랑은 매일 감사의 꽃으로 기억되어야 할 귀한 증거입니다.

오늘도 주님의 손을 붙드십시오.
그리고 감사의 꽃을 달아드리십시오.
매일 매일 쌓여가는 감사의 꽃이 모여, 하나님의 영광과 자랑이 되고, 따스한 아버지의 사랑의 향기가, 언제나 우리의 인생 속에 머물게 될 것입니다.
주님께서 우리의 마음속의 꽃이 되셔서, 우리가 가는 곳마다 은혜와 평강의 향기가 넘치게 하실 줄 믿기 바랍니다.

누군가 "동물은 가죽을 남기고 사람은 이름을 남긴다"고 했습니다. 그러나 그리스도인은 인생을 살면서 나와 함께 하신 하나님의 영광을 남기며 사는 것이 가장 행복한 삶입니다.

오늘 이 하루!
우리의 삶을 통하여 주님의 영광이 드러나고, 하나님께서 기뻐하시는 날이 되기를 축원합니다.

흐르는 시간은 소리가 없지만
그 순간의 흔적은 남기듯이

나를 향한 아버지의 사랑은
따스한 눈으로
아기를 바라보는 눈동자처럼
언제나 정겹습니다

반복되는 아침,
무기력하게 일어나던 나에게
얼굴빛을 비춰시고
이마의 땀을 닦으며
거친 숨을 몰아쉬는 나에게

위로의 말씀 한 잔을 내미시고

못 자국 난 손으로 내 어깨를 두드리시는 당신은
나의 아버지이십니다

내 마음은 항상 성난 파도인데도
당신의 사랑은 그 파도를 평안으로 걸어
나를 위로하시고

메마른 나의 일상에 축사하시사
기쁨이 넘치고도 남게 하시는 당신은
나의 아버지이십니다

흐르는 시간은 소리가 없지만
나의 감사를 담아
그대의 가슴에 꽃을 달아봅니다

정겨운 당신의 눈동자처럼
나의 사랑, 맞잡은 손을 타고
따스한 마음으로 전달되기를 바랍니다

사랑합니다

2. 내 영혼의 봄날

저는 많은 사람들을 만납니다. 그들의 삶의 이야기, 복받고, 하나님을 경험한 이야기들을 듣습니다. 그러나 저는 그들의 말을 들으면서, 그들의 마음속의 계절을 봅니다. 푸른 나무 잎사귀와 따스한 태양빛이 가득한 계절인데도, 많은 사람들의 마음이 겨울과 같음을 봅니다.

혹시 마음이 겨울인지요?

주님께서 우리 마음에 은혜의 씨앗을 뿌려주시고, 복의 생수와 평강의 빛을 비추시사, 뿌리가 내리고 줄기가 내리고 잎사귀를 내어 풍성한 열매를 맺게 하십니다. 우리의 눈으로 보기에 그 씨앗이 작아 보여서 겨자씨와 같다고 낙심하지 말고, 추수를 기대하면서 주님을 바라보며 기도의 물, 찬양의 물, 믿음의 물을 주십시오. 그럴 때, 평강을 노래하는 새가 우리의 삶의 나무에 깃들고, 그 나무가 영원토록 시들지 않게 될 줄 믿습니다.

다윗은 시험의 때에 믿음의 물을 주었고, 에스더는 죽으면 죽으리라는 불사의 믿음으로 씨앗을 심었습니다. 우리들의 마음속에도 하나님이 주신 믿음의 옥토가 있습니다. 그 옥토는 영으로 살아있어, 세상의 것이 심겨지면 뱉어내고, 하나님의 은혜의 씨앗이 심겨지면 100배로 열매 맺는 땅입니다. 오늘 우리의 믿음의 옥토, 마음 밭에는 무엇이 심겨져 있을까요?

'왜 내 삶에는 이토록 열매가 없을까?'

'왜 우리 가정에는 이렇게 복이 없을까?'

낙심합니까?

지금! 마음에 하나님의 말씀을 심으십시오.

내 생각, 내 계획, 내 꿈이 아니라, "너는 내게 부르짖으라 내가 네게 응답하겠고 네가 알지 못하는 크고 은밀한 일을 네게 보이리라"는 말씀을 심기 바랍니다. 그럴 때, 반드시 자라나며, 반드시 열매맺고, 우리의 입술에 감사가 풍성히 열매 맺을 줄 믿습니다.

떠나가는 이를 그리워하며
흐르는 눈물을 닦는 한 여인처럼

다가오는 봄날 앞에서
겨울은 아쉬움의 찬바람을
불어내고 있습니다

온 세상이 겨울의 옷을 입고
처마 밑 고드름처럼 표정이 없어도

그 누구도 놀라지 않는 이유는
이제 봄날이 올 것을 믿기 때문입니다
당신의 마음도 겨울입니까?

광야 위에 만나를 뿌렸던 순종의 천사가
당신의 마음, 굳어진 대지 위로 날아옵니다

밭에 뿌려진 하나의 겨자씨처럼
우리 삶에 뿌려진 희망과 꿈과 계획 속에
은혜의 씨앗을 뿌립니다

눈에 보이지 않는다고
어울리지 않는다고
내가 바라던 것이 아니라고
불평하지 마세요

우리 주 임마누엘의 날,
평강의 소리에 깨어
뿌리를 내리고 줄기를 내고 잎사귀를 내어

그 평화 내게 깃들고 은혜가 꽃피며
찬양의 새가 깃들만한 평강의 나무가 될 테니까요

예수의 은혜와 아버지의 사랑과
성령이 거하시는 은혜의 집이 될 테니까요

3. 평범함 속의 영광

봄이 오면 겨울에 움츠려있던 자연은 초록색 옷으로 갈아입고, 나무는 아름다운 색의 꽃잎을 부끄러운 듯 보여주고 있습니다. 우리는 꽃봉오리를 보면서 활짝 핀 꽃을 기대하고, 어린아이의 걸음마를 보면서, 밝게 웃으며 뛸 것을 기대합니다. 우리 주님도 우리에게 그런 생명의 기대를 가지고 다가오십니다. 그리고 오늘도 우리에 대해 알기를 원하십니다.

하늘의 은혜와 구원과 축복은 인간의 생각이나 지식으로 깨달을 수 없기 때문에 주님은 우리가 이해할 수 있도록 하기 위해 겸손함으로 나를 배우고 계시다는 것입니다. 그리고 그 가장 귀한 은혜를 내가 이해할 수 있는 말로 내 마음에 새겨 주십니다.

오늘 주님을 만나십시오. 초대하십시오. 주님의 손을 붙드십시오. 주님을 알고, 주님을 느끼고, 영광을 경험하게 됩니다. 주님의 손을 붙들고 찬양할 때, 내 인생을 가로막고, 우리 가정을 가로막고 있던 시험의 옥문이 열려질 것입니다. 주님께서 오늘 나의 삶을 알기 위해서, 나를 찾아오시듯이, 내가 주님을 매일 찾아갈 때, 우리는 오늘 나를 위해 준비하신 풍성한 은혜의 떡과 생명의 생수를 맛보게 될 것입니다. 주님께서 사망의 문을 여시고 부활하셨듯이, 우리의 삶 속에 은혜의 문이 열릴 것입니다.

사랑하는 이여! 오늘 이 축복을 경험하길 원하십니까?

이제 마음의 문을 여십시오. 더 이상 망설이지 말고, 주저하지 말고, 임마누엘 예수 그리스도를 환영하기 바랍니다. 바로 오늘...

오늘의 시는 우리를 향한 주님의 은혜로, 평범한 일상 속에 나타날 하나님의 영광의 증거가 됩니다.

저 가지 위에 힘차게 움트는 꽃봉오리는
가로수길 흩날리는 벚꽃 비를 기대하게 하고

내 손을 붙들고
떨리는 발을 앞으로 내미는 보석 같은 눈망울은
미래에 나타날 확신을 꿈꾸게 합니다

보이지 않는 꿈,
나타나지 않는 소망 때문에
하나님이 육신을 입고 나를 찾아오십니다

나의 가장 가까이서
내 입술의 모든 말과 마음의 메아리를 들으시고
마치 학생처럼 열심히 외우십니다

구원을 말하고 싶어서

소망을 들려주고 싶어서
온전함을 맛보고 아버지의 숨결을 만지게 하고 싶어서
오늘도 나를 배우고 계십니다

오늘이라는 이 하루가
나와 당신에게는 평범한 하루일 뿐이지만
나를 사랑하는 당신에게 있어서
일분일초는 특별한 추억입니다

손을 내밀어 보세요 그분이 잡아주실 것입니다

은혜의 꽃잎이 흩뿌려지는
평안의 길을 걷게 될 것입니다

시험의 바다가 갈라지며
사단의 병거는 수장될 것입니다

나의 마음속의 간구가
예수 안에서 향기가 되며
나의 모든 것이 주님께 받아들여질 것입니다

바로 오늘,,,

4. 영원의 편지

어린 시절에 누군가를 좋아해 본 적이 있을 겁니다. 그리고 그 사람을 향해서, 떨리는 설레임으로 편지를 쓴 적도 있을거구요. 좋아하는 그 사람을 향한 마음이 어떤지, 생각의 대지에 떠다니는 수많은 단어 중에 가장 아름다운 단어를 골라 종이 위에 사랑을 표현하고 그립니다. 이처럼, 오늘 예수님께서는 우리를 너무나 사랑하심으로 인하여 떨리는 가슴으로 우리에게 편지를 적어주십니다. 시간이 지나면 색이 바래는 종이가 아니라, 영원토록 그 빛이 바라지 않는 우리 마음속에 그분의 사랑을 속삭이십니다. 우리가 기뻐할 때, 기뻐하시고, 우리가 아플 때 약을 바르시고 싸매주시며, 우리가 슬플 때, 우리 눈물 닦아주시는 사랑, 항상 내 곁에서 우리만 바라보시는 순애보 같은 사랑이 바로 우리를 향한 예수님의 사랑임을 믿읍시다. 삶 속에서는 이 사랑을 경험하며 살아갑시다.

오늘 주 예수님 앞에서 큰 용기의 행동을 할 수 있기를 원합니다. 조금도 숨기는 것이 없이 우리의 마음과 생각과, 삶 전체를 주님의 은혜의 빛 아래 드러내는 것입니다. 조금도 부끄러워할 것 없습니다. 주님의 빛은 살아있고, 활력이 있으며, 우리가 알지 못하는 영혼의 저편까지 들어가 치유하는 강력이 됩니다. 우리 육신의 눈에 띄지 않는 사단의 어두움을 걷어내시고, 선하신 목자처럼, 우리 머리에 성령 충만으로 기름 부어 주십니다.

주님의 사랑에 반응합시다, 주님을 느낍시다, 주님을 경험합시다. 아브라함이 경험하고, 요셉이 경험했던 하나님의 형통이 우리의 삶 속에 상식처럼 나타나게 됩니다.

이렇게 가슴이 뛰는 이유는 무엇일까요?

당신의 발걸음이
내게 오기 때문입니다

태초부터 지금까지 내 입술의 노래였고
모든 만물에게 자랑이며 자부심이었던
그대..

당신은 아직 나를 모르지만
그저 내 앞에 있는 것만으로 행복합니다

이제 내가 당신의 손을 잡아줄께요

내 마음과 내 안의 모든 충만과
크고 비밀한 생명의 복을
당신에게 줄께요

당신이 기쁠 때
축하의 꽃가루가 되고
당신이 아플 때
감싸는 반창고가 되고
당신이 슬플 때
위로의 손수건이 되어 줄께요

그리고
영원까지 당신과 함께 할께요

그대를 사랑합니다!

그대는 내 마음
떨리는 손으로 그려지는 그리움
오늘의 편지
영원한 그리움이기 때문에..

하늘을 종이삼고 바다를 먹물 삼아도
다 표현할 수 없는
내 사랑, 내 모든 것이기 때문에,,.

5. 고쳐 쓴 편지

 우리가 누군가를 사랑하면, '그 사람이 내 곁에 있어도 그립다'라는 말이 있습니다. 우리를 한결같이 뜨겁게 사랑하시는 예수님의 마음을 표현한 말 일 수도 있습니다.

주일 예배가 끝나면, 우리는 예배의 감격을 안고 다시 삶의 자리로 돌아갑니다. 삶의 자리로 돌아갈 때, 어떤 사람들은 예수님과 손을 잡고 가지만, 안타깝게도 어떤 사람들은 이 자리에서 예수님의 손을 놓고 돌아갑니다. 이런 우리를 주님은 한결같이 사랑하십니다.

주님이 그러신 것처럼, 우리도 하나님의 빛을 향해 걸읍시다. 주님은 우리가 세상의 풍파에 변하는 사람이 아니라, 한결같은 믿음으로 살아가길 원하십니다. 왜냐하면 우리를 한결같이 사랑하기 때문입니다.

이 시간! 예수님이 우리를 가장 사랑하셨듯이, 주 예수님을 가장 사랑하고, 주님께 사랑을 고백하고, 사랑 안에 교제하는 성도가 됩시다. 요셉은 평생 동안 고통을 당하면서도, 주님의 손을 놓지 않았기에 그의 삶은 항상 형통했습니다. 환경이 좋아야만 성장하는 것이 아닙니다. 하나님께서는 이미 우리의 삶을 복되게 하셨고, 잘되게 하셨으며, 행복하게 하셨습니다.

이제 우리가 해야 할 일은 우리 자신이 복의 근원, 행복의 근원임을 믿고, 우리가 있는 자리에서, 우리가 가는 그곳에서 그 행복을 선포하고 흘려보내는 것입니다. 삶 속에서, 가정 안에서 축복합시다. 감사합시다. 긍정적인 믿음으로 살아갑시다.

"너의 말이 내 귀에 들린대로 내가 행하리라"는 말씀처럼 하나님께서 행하시고, 성취하시고, 복되게 하실 줄 믿습니다.

당신의 눈빛, 겨울 같은 표정 속에서
뒤돌아선 뒷모습을 보았어요

처음의 설레임,
그대의 마음을 향한
내 사랑의 경주는 한결 같은데...
내 떨리는 입술 뒤로 하고
어디로 가시나요?

그대를 향한 내 그리움,
마음속 한 켠에 쓴물 되어 번져가지만
그래도 용기내어 말해보려 합니다

그대를 생각만 해도
나는 강해질 수 있어요..

아무리 떨어져 있어도
나는 당신의 마음속에 함께 있어요

세상의 바람에 휩쓸려 변하지 말고
내 사랑이던 그 모습 그대로 있어주세요

당신이 강하다는 것을 알고 있으니
지지 말고 달려가 주세요

우리 함께 바라보았던 그곳으로..

우연이라도 마주치면 기쁘겠지만
내 곁에 없어도
지금 당신 그대로 사랑해요

수백 번 고쳐 써도
습관처럼 되뇌며 그리워하는 당신은
나의 사랑입니다

6. 주님과 함께 춤추며

각 기 다른 삶의 자리에서 다른 인생의 목표를 가지고 살지만 우리들의 고민과 염려는 다 같은 것 같습니다.

꿈이 이루어지길 소망하고, 목표가 성취되며, 앞으로 전진하길 바라는 그런 삶 말입니다. 사랑하는 사람도 있고, 친구들도 있지만, 우리들은 모두 각자의 은밀한 휴식처에서 내일을 고민하고 있습니다. 에덴동산을 거닐며, 아담을 찾으신 주님께서는 그런 인생의 고민이 가득한 장막을 향해 환한 미소를 지으며 다가가십니다.

우리가 무엇을 힘들어하며 고민하는 것에는 아무 관심이 없는 것처럼 그저 손을 내밀어 함께 춤추자고 하십니다.

인생살이로 지쳐 있다면... 주님의 손을 잡읍시다. 주님의 발자국 따라 기쁘게 춤춥시다. 우리의 모든 혼돈이 질서가 되며, 모든 고민과 염려 위에 주님의 샬롬이 임하며 성취될 것입니다.

...

두 주먹 불끈 쥐고 밤을 밀어내 본다

손 가득 찬물 머금고

어제의 후회를 닦아내고
새벽공기를 마시며
오늘의 소망을 찾아 떠난다

젊은 날의 꿈은 아침 안개처럼 사라지고
반복된 일상 속에 나를 잊은 채
주름진 내 손은 일상과 동일시된다

눈을 감고 마음 한켠,
작은 소망으로 지어진 쉼터로 나아간다

그곳은 나만의 공간,
존재를 보여주는 거울이
나를 반기는 초월의 자리..
그곳에서 조용히 내 인생을 추억해 본다

귓가를 들리는 발자국 소리에
놀라 눈을 떠보니
청아하게 들리는 평강의 예수가 내게 오고 있다

나를 보고 이제 다 안다는 듯
눈웃음으로 내 손을 잡고 즐거이 춤추신다

7. 성도의 하루

 학창시절, 저는 매일 저녁 하루를 돌아보며 일 기를 쓰곤 했습니다. 오늘 아침에는 몇시에 일어났는지, 오늘 하루는 어떤 일이 있었는지, 후회 하고 반성할 것은 무엇인지를 생각하며 일기를 적었습니다.

이 세상의 사람들은 하루의 마지막을 후회로 적을뿐이지만, 성 도된 우리의 하루하루는 동행과 은혜와 감사가 넘치는 나날인 줄 믿습니다.

하나님은 우리의 인식이라는 협소한 공간에 갇혀 계신 분이 아 닙니다. 믿음의 눈을 뜨고 우리의 나날 속에 함께 하시는 주님을 경험해 봅시다.

매일 새로운 은혜, 새로운 축복, 새로운 인생길로 인도하시는 그분을 경험합시다. 그럴 때, 우리의 하루도, 놀라운 주님의 기적 이 아름답게 그려지는 경험을 할 줄 믿습니다.

사랑하는 그대에게
나의 하루를 전합니다

새벽 별이 내 영혼을 깨울 때
천사의 인도를 따라
은혜의 동산에서 주님과 함께 기도합니다

인생의 바다를 향해 떠나기 전에
주님이 차리신 은혜의 아침을 먹고

성령의 바람을 타고
은혜의 항구를 향해
힘써 노를 저어봅니다

때로 바람이 불고
절망의 파도가 밀려오지만

바다를 걸어 미소로 격려하는
그분으로 인하여
내 마음은 언제나 맑음입니다

낮에는 은혜의 구름이 나를 이끌고
밤에는 소망의 별빛을 보며
성령의 불기둥 아래서 잠이 듭니다

이른 비와 늦은 비가
내 소망을 싹트게 하고

아버지의 형상이
소망을 부흥으로 열매 맺게 합니다

밝게 빛나는 달빛은
내일도 새로운 은혜가 있음으로 미소지으며
어린 새끼양처럼
임마누엘 목자의 품에서 잠들게 합니다

짧은 순간의 인생이지만
넘치는 은혜가 가득한 이 하루가
당신의 하루가 되기를 간절히 바랍니다

8. 어떤이의 기도

2000여 년 전 골고다 언덕에서 십자가를 지시기 전에, 겟세마네 동산에서 기도하시던 예수님의 기도가 생각나서 시로 표현해 봤습니다.

주님은 겟세마네 동산에서 십자가의 고통을 생각하며 땀이 피가 될 정도로 고민하셨지만, 그 기도 속에서도 우리를 향한 사랑으로 간구하셨습니다.

주 예수님은 우리의 머리가 되시고, 성도된 우리는 그분의 지체를 이루고 있습니다. 머리되신 주님은 몸된 우리의 고민과 염려, 소원과 연약함을 알고 계십니다. 그리고 2000년 전 어느 날처럼, 지금도 힘든 인생의 나날을 살고 있는 우리를 위해 간절히 기도하고 계십니다. 그리고 그 모든 기도는 십자가 위에서 "다 이루었다!"라고 선포하신 순간 모두 성취되었습니다.

"모두 다 이루었다!"

이 선포는 과거의 추억이 아니라, 오늘도 현재로 성취된 실제이며 사실입니다. 우리를 사랑하시는 이가, 우리를 위해 기도하고 계심을 확신합시다. 예수님은 우리의 평강을 위해 기도하시는 분이십니다. 그분을 신뢰함으로 살아가는 하루하루가 됩시다.

주께 두 손 들고 간절히 기도하오니
나의 믿음 없음을 불쌍히 여겨 주옵소서
죄와 사망에서 구원하시고
영과 육의 대지에 자라난 질병의 뿌리가
메마르게 하옵소서

당신을 향해 부르짖는 눈물의 편지에
응답의 천사를 보내 주옵소서

믿음으로 시험의 여리고가 무너지게 하시며
요셉의 형통을 주시며
아브라함의 복이 바다 물방울처럼 가득하게 하옵소서
이마를 흐르는 땀방울처럼
메마른 심령 위에 성령의 생수를 부어주시고
언제 어디서 무엇을 하든지
하늘의 지혜와 권능으로 동행하여 주옵소서

그래서 인생을 마치는 그날,
주의 품안에서 영원토록 안식하게 하옵소서
아멘! 그렇게 될지어다! 다 이루었다..

9. 들려나요, 영원의 소리가...

하나님께서는 말씀을 통하여 우리에게 그분의 사랑과 그분의 의지, 우리를 향한 마음을 표현하셨고, 그 모두가 성경에 기록되어 있습니다. 그러나 하나님께서는 우리의 일상 속에서, 자연 속에서, 작은 생명을 통해서도 우리를 향한 사랑을 표현하고 계십니다.

우리 살아있는 것도 주님의 은혜요, 푸른 나무와 작은 새의 울음소리, 우리 인생 속에서 겪은 상처와 고난도 우리를 사랑하고 돌보고 계시다는 주님의 사랑의 편지입니다.

사랑하는 이여!

일상 속에서 우리를 향해 간절한 심정으로 사랑을 표현하시는 주님의 음성을 들어본 적 있습니까? 유한한 인생 속에서, 하나님은 영원한 위로와 축복으로 우리와 함께 하십니다.

분주한 일상을 내려놓고, 염려와 걱정을 내려놓고, 영원하신 사랑의 주님께 귀를 기울이십시다. 우리로 인해 기쁨을 이기지 못하시며, 잠잠히 사랑하시며, 즐거이 부르시며 기뻐하시는 하나님의 음성을 듣게 될 것입니다.

당신은 못 느낄지 모르지만,,,

천군천사와 더불어 모든 자연은
그분을 노래하고 있습니다

구름 속에 부끄러운 듯
숨어있던 빗방울은
간절한 기도에 응답하시는
하나님을 노래하고

새벽을 깨우며 지저귀는 새의 울음은
구하는 자에게 주실 것을 약속하는
하나님의 확신입니다

산을 가득 채운 푸른 나무들은
당신을 향한
하나님의 비전이 성취될 것을 선포하고

오늘 내가 살아있음은
성령의 생기로 내게 공급하신다는
사랑의 표현입니다

당신 인생의 상처는
예수가 나를 구원하시고
아버지의 자녀로 높여주셨다는 증거가 되고

오늘 이 시를 듣고 있는 당신의 귀는
하나님께서 주목하고 계신 증거가 됩니다

당신은 듣고 있습니까?
영원의 소리는 영원히 먼 곳이 아니라
영원히 당신 곁에 있습니다

귀를 기울여 보세요..

10. 마음의 볼륨을 높이세요

저는 사역을 쉴 때, 종종 라디오를 켜서, 극동 방송의 아름다운 찬양과 구원의 기쁜 소식을 듣곤 합니다. 그러다 문득, 저의 인생 속에서 하나님이 위기 때마다, 절망의 때마다, 시험과 고난의 때마다 격려해주시고, 힘을 주시며, 위로의 말씀을 주셨던 것이 떠올랐습니다.

이 음성은 마음에서 들려옵니다.
그리고 믿음의 볼륨을 키울수록, 그 음성은 제 전 존재를 사로잡아 모든 위기의 순간에 믿음으로 승리하게 역사해 주십니다.
혹시 오늘 마음의 라디오를 켰습니까? 믿음으로 그 볼륨을 높여보십시오. 하나님께서 진행자가 되십니다. 부드러운 음성으로 위로의 음성을 발하시는 예수님이 진행자가 되십니다. 속삭이는 소리로 우리에게 능력이 되어 주시는 성령님이 오늘도 아름다운 찬양과 구원의 소리로 우리에게 다가오십니다.

오늘 저와 함께 영혼의 라디오를 켜봅시다.
우리에게 들려질 주님의 음성이 기다려지는 오늘입니다.

모든 사람의 마음속에는
성부와 성자와 성령으로 창조된
영혼의 라디오가 있습니다

믿음과 소망과 사랑으로 전원을 켜고
간절한 기대와 소망을 따라
마음의 볼륨을 높여봅니다

세상의 염려와 걱정으로
불신의 먹구름이 가득한 그대여..

스스로의 인생에 애처로워하지 말고
주의 손가락이 가리키는 방향으로 걸어가세요

그 누가 나를 사랑해주지 않아도
나를 향한 사랑을 자부심 삼아
미소를 잃지 마세요

사람들의 입술과 세상의 파도가
내 마음에 상처의 주름을 남긴다 해도

주의 손이 나를 만지실 것을 믿고

믿음으로 옷자락에 손을 대어보세요

작은 종달새가 아침을 깨우듯이
내 영혼을 깨우시는
주의 속삭임을 영혼으로 신뢰하세요

인생의 모든 불확실함이
삶의 대지에 현실로 그려짐을
발견하게 될 테니까요..

11. 바보 같은 사랑

 수님이 십자가 위에 계실 때, 모든 사람들은 예수님을 향해 침을 뱉고, 조롱하며, 두 손과 두 발에는 큰 못을 박았지만, 예수님의 마음은 흐뭇하게 웃고 계십니다. 지금의 고통이 아니라, 다가오는 죽음을 이기실 승리를 바라보기 때문이고, 예수님의 보혈로 말미암아 구원의 즐거움을 누릴 우리를 생각하셨기 때문입니다.

인간의 사랑은 조건이 변하고, 환경이 변하면 깨어지는 연약한 것이지만, 주님의 사랑은 환경과 조건을 뛰어넘은 영원한 사랑, 한결같은 사랑입니다.

인생의 달력 속에서, 진정한 사랑을 경험한 적이 있습니까? 아마도 많은 사람들이 실패와 낙심의 주홍글씨를 머리 위에 새긴 채, 과거를 곱씹으며 살아가고 있을 것입니다.

인간의 사랑, 인간의 마음은 변할 수밖에 없습니다. 그 이유는 인간이 죄로 인하여 하나님의 생령으로써 위치를 잃어버렸기 때문입니다. 그렇기에 아버지 하나님은 그런 우리를 다시금 자녀요, 축복의 후사로 회복시키시기 위하여 예수 그리스도를 이 땅에 보내주셨습니다. 그리고 인간의 가장 연약한 모습으로 오셔서, 강한 자를 어리석게 하시고, 오늘도 연약함의 골짜기에서 슬피우는 우리의 발을 강하게 하심을 믿기 바랍니다.

이 시간 예수님을 만납시다. 예수님을 아는데 힘을 다합시다. 매일 예수님의 말씀을 묵상합시다. 우리의 마음 가운데 권세와 능력의 왕으로 임하시는 그분을 향하여 찬양의 종려나무 가지를 흔들고, "호산나! 호산나! 다윗의 자손이여! 전능의 왕이여! 임하옵소서!"라고 찬양할 수 있기를 바랍니다. 그래서 항상 그분 안에서 사랑을 누리며 그 사랑에 감사하게 되기를 축원합니다.

당신을 향한 그의 사랑은
영원한 기다림..

나의 마음과 영혼과 삶 속에
평강의 비를 주시기 위하여
전능의 옷을 벗는 결단

눈을 뜨게 하고
죽음에서 불러내며
눌리고 세우고
주린 자를 배부르게 하는 순수함..

종려나무를 흔들며 호산나 부르는 목소리가
저주와 조롱의 말을 던질 줄 알면서도
애잔한 미소로 바라보고 계십니다..

고통이 기다리고
죽음이 기다리고
하나님께 버림받는 소외의 어두움이
당신을 기다리고 있지만,,,

나에게 부어질 구원과 평안을 바라보며
오히려 즐겁게 그 고통을 기다리십니다

사랑을 알기 원합니까?
그분의 마음을 아는 자가 되십시오

쉴 새 없이 변해가는 사랑의 의미가
따스한 손길처럼
당신의 영혼에 실상으로 함께 하실 것입니다

어제까지 닫혀있던 구원의 문이
이제 곧 열려지고
아버지의 사랑의 손길을 느끼게 될 것입니다

12. 부활의 향기

우리가 이 구원의 기쁨을 누리며 은혜 가운데 살게 된 것은, 예수님이 우리를 위해 십자가에서 고난을 참으시고, 사망을 이기시고 부활하셨기 때문입니다.

우리는 삶 속에 고통이 다가올 때, 고난이 다가올 때, 불평하지만, 예수님은 우리를 향한 한결같은 사랑으로 그 모든 고난을 감당하셨습니다. 그가 사망의 못에 찔리심으로 우리는 구원으로 옷입었습니다. 그가 머리 위에 가시관을 쓰심으로 우리는 생명의 면류관을 쓰게 되었습니다. 주 예수님께서 심장에 창이 찔리실 때, 우리 영혼의 심장을 찌르던 정죄의 가시가 빠져나갔고, 무덤에서 일어나실 때, 우리도 새로운 피조물로 살아났습니다.

부활의 역사는 특별한 절기에만 기억할 것이 아닙니다. 이 부활의 역사는 어제나 오늘이나 영원토록 기억되어야 할 축복의 증거입니다.

우리의 모든 문제와 염려, 질병, 시험 고난 속에 이 부활의 주님을 모십시다. 우리 믿음의 방에 부활의 주님을 모시고, 그 주님과 매일 교제합시다. 또한, 성령으로 옷 입고, 주 예수님보다 더 사랑했던 세상의 쟁기를 성령의 불로 다 태워버립시다. 그럴 때, 주님께서 우리의 삶을 붙드십니다. 다스려 주십니다. 예수 그리스도의 법칙이 세상의 법칙을 이기게 합니다. 못 자국 난 주님의 손이 우리를 붙드시사 주님이 우리의 마음을 알아주시고, 우리 인생이 마치는 그날까지 함께 하실 줄 믿기 바랍니다. 오늘도 주님과 함께 동행하며, 은혜의 향기를 보내는 삶을 살기를 축원합니다.

나 육신의 옷을 입은 것은
그대의 연약함을 느끼기 위함이고

거친 광야를 걸으며
지친 당신의 눈물을 닦아준 이유는
항상 옆에 있음을 알아주길 바라는
마음이었습니다

거짓의 입맞춤에도
아무런 원망하지 않은 이유는
내 사랑이 넘쳐나기 때문입니다

채찍을 맞으며
두 손에 못이 박히고
녹슬어진 창이 내 심장을 찌르는 순간에도
당신은 내 사랑, 내 마음
내 모든 것입니다

육신의 옷을 벗고
창조의 생명으로
죄와 사망의 올무를 끊고
아버지의 권세로 사단의 머리를 밟습니다

이 순간에도 그대는 내 사랑입니다
독수리가 날개쳐 태양을 향하듯이
사망의 골짜기를 날아 구원의 반석 위로
나와 그대가 함께 서 있습니다

이제 그대와 나는 하나입니다
내 모든 것이 당신의 것이고
당신의 모든 것이 내 안에 있습니다

사랑이여!
변치 않는 이 사랑을 기억해 주세요..

인생의 괴로운 나날에
지친 무릎을 일으키는 힘,
마음을 즐겁게 하는 향기가 될 테니까요

13. 오솔길 거닐며

저는 사역을 감당하다가, 스트레스를 받거나, 몸과 마음이 지칠 때, 조용한 숲속 길을 걷는 것을 즐깁니다. 무엇보다, 사람의 소리는 사라지고, 하나님의 마음과 손길 가득한 자연 만물의 소리를 들을 수 있고, 자연을 통해, 말씀하시는 주 하나님의 영광을 느낄 수 있기 때문입니다.

어느덧 저의 인생도 후반입니다.

육신은 늙어가고, 연약해져가지만, 자연 속에서, 작은 오솔길 위에서... 저는 작은 소녀가 됩니다. 고사리 같은 손으로 주 예수님을 붙들고, 주님의 발걸음에 내 발걸음을 맞추며 걸어갑니다. 주님의 눈동자 속에서 저는 가장 행복한 사람이고, 제 눈동자 속의 주님은 언제나 사랑으로 가득하십니다.

오늘 무엇을 위해서 살았습니까?

어디를 향해서 그렇게 열심히 걸어갑니까?

과연 어떤 것을 얻기 위해 그렇게 힘씁니까?

때때로 인생 속의 문제는 일상의 자리를 떠나 주님과 교제할 때, 해답이 찾아옵니다. 이 세상 사람과 달리 우리는 주 예수님께 언제나 사랑받는 사람임을 기억합시다. 그리고 오늘 우리를 향해 잔잔한 미소로 손을 내미시는 주 예수님과 함께 걸어갑시다. 불안해하지 말고, 염려하지 말고, 어디로 가야 할지 모른다고 불평하지 말고, 어머니의 품 안에 있는 어린아이처럼 주 예수님을 신뢰합시다. 그리고 그 주님이 바라보시는 것을 보고, 주님의 음성을 들어, 우리의 불안한 미래를 향하여 외칩시다.

괜찮다고.. 아직 살아있다고,,, 주님이 아신다고... 이제 주님과 함께 살 것이라고...

두드리는 소리,
막연한 기대감에 열어보니

그대의 눈웃음
다윗이 거닐던 샬롬의 언덕을 보는 듯
마냥 그립다

은혜로 날갯짓 하는 성령을 타고 날아
태초의 저편,
사랑의 대지에 조용히 내디뎌본다

나무는 반가운 듯 잎사귀로 손짓하고
꽃들은 춤추고
풀잎은 부끄러운 듯
우리의 걸음을 그저 조용히 감싸안다

둘만의 오솔길,
아무 말 없어도
마주잡은 손으로 마음을 읽어
안다는 듯 서로 웃는다

한걸음 한걸음 내딛다보니
이 길이 그의 길이고
내가 그리던 길임을 알기에
기쁨으로 수줍게 입맞춰본다

당신과 함께라면
밟게 될 평안의 길에
설레이는 발자국이 남고 있다..

세상의 바람이
모든 인생의 발자국을
입술로 불어내어도

예수와 걷는 이 길,
아버지의 마음에 새겨질 것을 알기에
다가올 기쁨의 추억을 향해 웃고 또 웃는다

14. 주와 함께 이 하루

시간은 화살처럼 빠르게 흘러가고 있습니다. 세상이 변하고, 사람이 변하고, 환경이 변하면 우리도 변하기 마련입니다. 처음에 뜨거웠던 믿음도 세상의 불어오는 찬 바람 속에서 어느새 약해지고, 매일 우리 삶에 찾아오시는 임마누엘 주님은 기억 속 어딘가에 자리 잡은 추억이 되고 말았습니다. 예배가 의무가 되고, 찬양은 따라 부르는 앵무새와 같고, 영혼의 호흡곤란으로 인해서 기도는 점점 짧아집니다.

사랑하는 이여!
주 예수님을 향해 원망하기 전에 스스로를 살펴봅시다. 과연 우리의 삶은 주님 앞에서 한결같았는지?
저는 항상 주님이 내 삶 속에 오시기를 소망하는 한 사람을 그려보았습니다. 그는 해가 저물어 어둡게 되는 순간까지 주님과 함께 할 수 있기를 소망하고 있습니다. 누구에게나 어제는 지나갔고, 오늘이 있으며, 내일도 다가올 것입니다. 그러나 생명과 사망은 바로 오늘 어떻게 살아내느냐에 달려 있습니다.

아침에 눈을 떠 하루를 시작하기 전에 예수님과 함께 기도합시다. 반복적인 일상 속에서 우리와 함께 하시는 주님을 인식합시다. 예수님처럼 생각하고, 예수님처럼 행동하며, 예수님처럼 기도하기를 소망합시다. 그럴 때, 모든 미완성 위에 완성으로, 사망을 생명으로, 눈물을 기쁨으로 바꾸신 주님으로 인하여 우리의 오늘이 하루는 진정 복되고 특별하게 될 것입니다.

만약에 내가
주님과 단 하루를 보낼 수만 있다면

새벽에는
은혜로운 아침 공기 마시며
주님과 함께 습관처럼 기도하고 싶고

아침에는
내 일상 속에서 주님과 함께 일하며
무의미한 하루를 완성하고 싶다

정오가 되면
작은 도시락 들고 푸른 풀밭 위에서
주님의 복의 말씀을 듣고 싶고

주님 손에 들려 축복받은 인생에
어떤 복이 충만케 되는지

내 손으로 경험하길 바랍니다

저녁에는
마음 문 활짝 열어
내 찬양을 찻잎삼아
주님과 함께 교제하고 싶고
밤하늘에 가득한
별을 함께 바라보며
선하신 아버지의 섭리를
그려보길 소원합니다

오늘 이 하루..

그 누군가에게는 스쳐가는 일상이라도
주님과 함께하면 모두 특별합니다

내 소망이 그대의 소망이 되기를
기도합니다

15. 당신은 어디로

얼마 전 아주 오랜만에 지하철을 타보았습니다. 수많은 사람들이 각자의 목적지를 향해 부지런히 발걸음을 옮기고, 지하의 답답한 공기는 모든 사람들의 인생의 답답함을 보여주는 것처럼 느껴졌습니다. 예전에 지하철을 타면, 모든 사람들이 고개를 들고 있거나, 조용히 대화를 나누었지만, 요즘 지하철 안의 모습은 모두 고개를 숙인 채, 스마트폰을 바라보고 있을 뿐이었습니다. 그 누군가에게 피해를 끼치지는 않지만, 그 누구에게도 방해를 받고 싶지 않다는 듯, 스마트폰에 비쳐지는 화면에 시선을 고정하고 있었습니다.

이 모습을 보면서, 인생을 생각해 보았습니다. 인생도 하나님께서 각 사람에게 주신 목적을 향해 살아가는 여정입니다. 우리가 가야할 곳은 분명한데, 사람들은 어디서 내려야 할지는 모른 채, 자기의 삶에만 집중하고 있습니다. 섭리의 열차는 가고 있고, 우리가 내려야 할 곳을 부지런히 말하지만, 자기 생각과 만족, 유익에만 시선을 고정하고 있습니다.

사랑하는 이여!
지금 어디를 향해 가고 있습니까? 인생의 도착지가 어딘지 알고 가십니까? 오늘이라는 인생 속에 주님은 우리를 향해 손을 내

밀어 주십니다. 이제 고개를 듭시다,

 눈을 들어 주님을 바라봅시다, 주님의 손을 잡고 영원을 향해 걸읍시다. 오늘의 선택이 영원을 결정하고, 주 예수님을 바라보는 우리의 시선은 영원한 축복을 결정하기 때문입니다. 오늘 주님과 천국을 경험한 사람이, 내일의 천국을 기대할 수 있고, 오늘 주님의 손을 붙들어 세상의 유혹을 이긴 사람이 내일의 승리도 기대할 수 있습니다. 그러므로 오늘 주님의 초청에 기쁨으로 반응합시다. 그리고 항상 주 예수님을 바라봄으로, 축복의 미래를 바라보는 우리가 되기를 진심으로 소망합니다.

인생의 숨소리가 그리울 때마다
난 지하철을 탑니다

어디를 향하는지 알지 못한 채
지나온 발자취를 나도 따라 걸어봅니다

습관처럼 열차가 서고
그들만의 침묵 속으로 들어가
그 누군가는 나를 바라봐주기를 소망해 보지만,

작은 창으로 보여지는
그들만의 세계 속에

나의 자리는 조금도 없어 보입니다

열차는 조용히 갈 길을 가고
문이 열리고 닫힐 때마다
누군가는 떠나고
누군가는 들어오는
이 절대의 순간들을 말하는 것은
조용한 문뿐입니다

조용한 침묵 속의 당신이여,
작은 창속의 세계는 당신의 전부입니까?

당신은 지금 어디를 향해 가며
어디가 내릴 곳인지를 알고 있습니까?

눈을 들어 보세요
인생의 장에 서 계시는
그분을 듣고 바라보세요

부르시는 손길을 잡아
그 문으로 들어가세요
영원한 순간은
순간의 선택에 달려있음을 기억하면서...

16. 내 마음 알기를 내 마음 같기를

저는 사역을 하다 쉬는 시간에 조용히 클래식 음악을 듣는 것을 좋아합니다. 스피커를 통해서 들려오는 음악소리가 지친 저의 마음을 쓰다듬어 주기 때문입니다. 음악을 감상할 때, 저는 눈을 감고, 무대 위에 홀로 있는 제 모습을 상상해 봅니다.

커다란 무대 위에 작은 피아노 하나, 그리고 제 인생으로 작곡된 악보를 펴고 지난날의 추억과 오늘의 삶, 미래의 기대를 연주해봅니다. 그렇게 내 인생을 연주할 때마다, 저는 아쉬움과 후회로 눈물짓기도 하고, 오늘까지 주신 축복과 미래에 나타내실 하나님의 섭리로 말미암아 기뻐하기도 하지만, 무엇보다 저를 기쁘게 하는 것은 제 인생의 유일한 매니저 되신 주 예수님께서 일어서시사, 저를 향해 격려의 박수를 쳐주실 바로 그 때입니다.

우리의 인생은 피아노 한 곡과 같지 않나요?

우리의 인생은 어떻게 연주되고 있을까요?

때로, 고독은 축복입니다. 그 누가 우리의 인생을 들어주지 않아도, 아버지 하나님은 우리의 노래에 귀 기울여 들어주십니다. 뿐만 아니라, 주님은 우리 인생 속에 들어오셔서, 함께 연주해 주십니다. 슬픔을 기쁨으로, 낙심을 확신으로, 연약함을 능력으로 연주해 주십니다. 우리의 인생의 노래를 그분께 들려 드립시다!

우리 마음 알아주시는 그분께 전부를 드려봅시다. 오늘 연주되는 인생 속에서 우리의 마음과 주님의 마음이 하나 되는 그 순간, 천국에서 들려오는 하나님의 박수소리가 우리의 마음 속에 들려지게 될 것입니다. 천국에서 울려퍼지는 평강의 노래가, 우리의 인생의 노래가 될 것입니다.

모든 것이 합력하여 선을 이루시는 주님의 마음이 바로 우리의 마음이 될 것을 믿고, 오늘도 주님과 함께 기쁨으로 찬양의 연주를 드리는 시간이 되기를 진심으로 소망합니다.

인생을 생각하기에
혼자만큼 좋은 시간은 없습니다

고독은 나만의 리사이틀,
넓은 무대 위에 삶을 노래하는 피아노 하나,
그 누구도 주목하진 않지만 눈물로 쓴 나의 노래,

당신이 들어주길 소망하면서
오늘도 내 인생을 연주해 봅니다

봄처럼 따스하고
여름처럼 열정있게
떨어지는 낙엽처럼 고독을 노래하다가도

앙상한 나무처럼 인생의 덧없음을
떨리는 손짓에 담아봅니다

이윽고 연주가 끝나고
두근거리는 심장은 건반 위에 이슬비를 내리게 합니다

그 누구도 보지 않지만
내 마음 알기를 나를 알아주기를 소망하면서

수많은 객석 중에서 허름한 옷차림의 한 사람,
말없이 눈물지으며 손뼉을 칩니다

모든 것을 알고 이해한다는 듯 떨리는 손길은
나의 노래를 감싸안고 있습니다
조용히 의자에 앉습니다

언제나 그랬었다는 듯 눈웃음으로 마음을 전하고
그대와 함께 인생을 연주하려 합니다
내 마음 알기를...
내 마음 같기를...

17. 하나님의 가능성

집에 오래된 테이블이 있습니다.
저는 그 테이블에 찻잔을 꼭 두 개 올려두고
한 잔은 저를 위해서, 한 잔은 우리 주 예수님을 대
접하는 심정으로 차를 따릅니다. 사람들 보기에는 그저 저 혼자
앉아있는 것처럼 보일지라도, 주님은 그런 저에게 항상 찾아오셔
서, 함께 차를 마셔주시고, 언제나처럼 저를 위로하시고, 새 힘을
불어넣어 주셨습니다. 이처럼, 하나님께서는 오늘 우리의 인생 속
에 찾아오십니다. 비록, 그분께 어떤 감사도 드리지 못하는 지친
인생이라 할지라도, 하나님께서는 언제나 우리에게 새로운 가능
성, 새로운 비전, 새로운 부흥을 선포하십니다.

그분은 내 인생의 마라 속에 축복의 나뭇가지를 던져 주시어 달게
하시고, 절망의 무덤을 향하여 "내가 원하노니 너여 나오라!"고 외
쳐주십니다. 끝이라고 쓰여진 표지판에 이제 시작이라고 적어주
시고, 시험과 고난의 유라굴로 속에서 "내니 두려워말라!"라고 소
리치십니다.

사랑하는 이여! 오늘 말씀의 테이블 위에서, 주님께서 베푸시는
평안의 차를 마셔보지 않겠습니까? 오늘도 그분은 우리를 기다리
고 계십니다. 오늘의 가능성을 넘어, 내일의 염려라는 밤을 물리

치실, 축복의 얼굴빛을 비춰주시기 위해서, 피 묻은 손으로 안수
하시사, 모든 영과 혼과 육체의 질병을 고치시고, 건강을 비춰주
시기 위해서, 내 모든 불가능과 시험의 여리고 앞에서, 완성과 승
리를 선포하시고, 축복의 전리품을 거두게 하시기 위해서, 그분의
얼굴빛이 우리의 얼굴빛이 되기를 바라시면서 말입니다. 여기, 우
리를 향한 평안의 차 향기가 가득합니다.

따뜻한 차를 마시며
인생의 오후를 즐겨본다

작은 테이블, 내 앞에는 아무도 없지만,
오늘도 습관적으로
금테 둘러진 꽃모양 잔에 미소로 차를 따르고
영원하신 현재와 마음으로 대화를 나누어 본다

조용한 침묵이 흐를 뿐이지만,
나는 그를 느끼고, 그의 생각을 알아간다

꽃이 태양을 향해 고개를 들듯이
주님의 숨결에 내 영혼을 기대어 본다

그분의 생각 속에서

조용히 울리는 영혼의 하프 소리는
실패로 좌절한 내게 가능성을 말한다

죄로 인해 절망의 무저갱으로 빠져가는
한 마리 어린양을 향해
예수! 그대는 구원의 가능성이며 실현이 되셨다

내 영혼의 무덤은
절망의 골짜기에서 구원의 선포로 열려졌다

고요한 묵상 속에서 하나님의 가능성은
내 불안의 골짜기에 산들바람처럼 불어온다

한 스푼 설탕처럼
주님의 가능성은 내 인생의 쓴물을 달게 하시기에
오늘도 나는 부드러운 눈웃음으로 한모금 마셔본다..

내일 다가올 또 다른 불가능도
모든 것이 합력하여 선을 이루시는
그분의 가능성으로 인해
아멘이 될 것을 믿기 때문이다

18. 씨앗의 노래

봄에 뿌린 씨앗이 자라나 황금물결을 이루며, 수확의 기쁨을 주듯이, 하나님은 우리의 마음에 오늘의 은혜의 씨앗, 축복의 씨앗을 뿌려주셨습니다. 그리고 그 씨앗 위에 성령의 생수를 부어주시고, 은혜로 돌봐주심으로 우리 삶 속에 풍성한 은혜의 열매를 자라나게 하십니다.

씨앗의 시각으로 바라본 하나님의 은혜를 생각해 보았습니다. 씨앗이 뿌리를 내리고, 잎사귀와 줄기를 내며, 풍성한 열매를 맺은 모든 것 뒤에는 하나님의 함께하심이 있었음을 기뻐하며 이 씨앗은 그 하나님을 노래하고 있습니다.

사랑하는 이여!

오늘 우리도 나의 삶에 복 주신 하나님을 찬양하며, 그분을 예배해야 할 줄 믿습니다. 사막에는 비가 내리지 않습니다. 왜냐하면, 땅에 수분이 전혀 없기 때문입니다. 반면에 아마존 밀림 지역은 항상 비가 내립니다. 왜냐하면 땅속에 수분이 많아서, 그 수분이 비구름을 만들기 때문입니다.

하나님께서도, 원망하고 불평하며, 감사가 사라진 심령 위에는 축복의 씨를 뿌리지 않으십니다. 그러나 하나님을 향한 감사와 찬양, 믿음의 고백을 올려드리는 사람에게는 은혜의 씨앗을 뿌려주시고, 풍성한 열매로 자라나게 하십니다.

　사랑하는 이여!
　오늘 하나님께 중심으로 감사합시다. 우리의 삶을 주님께 맡깁시다. 그럴 때, 이전에는 알지 못하고 보지 못했던 또 다른 은혜의 씨앗이 우리의 삶과 마음속에 심겨질 줄 믿습니다. 오병이어로 오천명을 먹이신 예수님의 기적이 우리의 삶에 나타날 것이고, 불의 혀 같은 성령의 씨앗이 우리 삶에 심겨서, 오순절 다락방의 부흥의 역사가 우리의 삶과 가정 속에 풍성히 나타나게 될 것입니다.

당신이 떨리는 입술로 "아멘!" 하는 순간,

나는 성령과 함께 저 하늘을 날아서
당신의 마음속에 조용히 심기워졌습니다

충만하신 성령,
은혜의 쟁기로
모든 근심 염려의 검은 돌을 제하시고

저 천국을 흐르는 생명수가
아버지의 팔을 지나 손을 스치며
내 얼굴에 내려옵니다

넘치는 사랑에 견딜 수 없는 나는
창조의 영의 손을 잡고 내 안에 담긴 축복을
하나씩 펴보기 시작합니다

저 우주 깊숙한 어딘가
밝게 빛나는 별을 발견하듯이
주의 은혜로 뿌리가 내리고 줄기가 자라며
예수향기 가득한 열매가 발견될 때
나는 하나님의 미소였습니다

당신이 슬퍼할 때 나는 하늘의 위로로 공급받았고
당신이 아플 때 예수의 보혈이 설익은 열매를
붉게 물들여 자라나게 했습니다

한때 작은 씨앗이었던 내가
당신 안의 충만한 감사가 되었습니다

나의 떨림이 당신의 것이 되기를
나의 충만이 당신의 것이 되기를
소망하며 돌보신 그분을
나와 함께 노래하지 않겠습니까?

세상에는 지루하고 소음이 될지언정
주께는 즐거운 사랑의 속삭임이 될 것입니다

19. 바람에 흘려 쓴 편지

아담이 범죄 한 이후로, 모든 인간은 다들 무엇엔가 얽매이며 살아갑니다. 자기 일, 가정, 사람, 문제, 질병, 상처 같은 많은 것들에 매여 있습니다. 그리고 진정한 자유를 누리던 영혼은 태초에 누렸던 그 자유를 갈망하는 본능이 있습니다.

얽매이던 삶을 벗어나 진정 "나"이고 싶을 때가 존재합니다. 그럴 때마다 주님은 우리가 아래가 아니라, 위를 바라보기를 원하십니다. 구원받은 후에 우리에게 주신 믿음의 날개를 활짝 펴고 은혜의 하늘 위로 날아오길 원하십니다. 그리고 마음을 담아 눈물로 쓰여진 우리 인생의 편지를 하늘 도화지에 쓰라 하십니다. 한 글자 한 글자 쓰다보면, 어느샌가 주 예수님은 내 등 뒤에서 내 인생에 공감하시고, 안아주시며, 부드럽게 등을 쓰다듬어 주십니다. 우리와 눈동자를 맞춰주시고, 언제나 믿는다는 듯 고개를 끄덕여 주십니다.

사랑하는 이여!

인생이 지치고 힘드나요? 위를 바라봅시다. 날개를 펴고 은혜의 창공을 향해 날아갑시다. 그리고 오늘 우리의 인생을 성령의 바람에 실어 주님께 올려드리십시오. 진정한 위로와 평안, 주님 안에서 우리가 누구인지를 발견하게 될 것입니다. 인간의 존재 목적은 창조주 하나님이 가장 잘 아신다고 합니다. 오늘 우리가 살아있는 이유, 인생의 방향도 우리 자신보다 하나님이 가장 잘 알고 계심을 믿읍시다. 인생의 나침반을 하늘을 향해 들고, 오늘도 우리 인생을 구름기둥과 불기둥으로 인도해 달라고, 영혼의 편지를 드릴 수 있는 하루 되기를 축복합니다.

굳은 표정의 건물들 사이로
고개를 내민 푸른 숲은 고요한 여유를 말하고

거친 숨소리를 내쉬며
어딘가를 향하는 자동차는
바쁜 일상을 살아가는 인생을 달려가지만,,,

오늘의 나는 나도 모르게 입혀진 인생을 입고
누군가의 만족을 구하는 마네킹과 같습니다

때로는 나도 그 누군가를 위해서가 아니라
내가 되고 싶어서
아침 바람 불때마다 소망의 날개를 펴고
저 높이 어딘가로 날아봅니다

높이높이 날고 날아 구름을 넘어보니

그 누구도 밟지 않은 파란 대지
흐르는 눈물을 잉크 삼아 작은 손가락으로
내 마음을 하늘 도화지 위에 써봅니다

아무도 나를 몰라줘도
내 눈물 모아 쓰여진 편지를
정성스레 매만지는 그분이 좋기 때문입니다

따스한 두 손으로 내 얼굴을 감싸시고
애잔하게 웃으시는 그분이 좋기 때문입니다

일상으로 돌아서는 뒤안길에
나를 안으시고 마음을 담아 두드리시는
그 손길이 좋기 때문입니다

그래서 나는 오늘도
바람에 내 바램을 흘려 써봅니다

그분이 아시기를...
나를 아시는 그를...

20. 내 마음에 귀 기울이다

 세 월호 사건이 있은 이후로, 사람들은 위기의 순간에 나를 구해줄 사람이 없다는 마음의 상실감에 고통받고 있습니다. 그 누구도 믿을 수 없다는 것입니다. 그러나 이런 순간들 속에서 저는 세상 사람이 아니라, 이 세상을 바라보시는 주님의 음성을 듣습니다. 우리가 외로울 때, 고통받을 때, 그 어디도 의지할 수 없을 때, 예수 그리스도는 사랑으로 우리를 초대하시고, 우리를 위로하기 위해 찾아오십니다.

사랑하는 이여!
세상이 우리를 버리고, 사람이 우리를 버려도, 못 자국 난 주님의 손은 절대, 절대, 절대..., 우리를 버리지 않음을 믿읍시다. 오늘 주님의 손을 잡고, 영혼의 귀를 주님의 심장에 귀 기울여 봅시다. 매 순간 두근거릴 때마다, 우리를 사랑하신다는 그분의 마음을 듣게 될 것입니다.

이제 망설임을 멈추고, 주님께 돌아갑시다. 지금이 가장 좋을 때입니다. 더 이상 세상이 주는 쥐엄열매를 구하지 말고, 내가 원래 있던 곳으로, 처음 주님을 만났던 즐거운 추억의 자리로 돌아갑시다. 사랑의 아버지께서 오늘도 우리를 기다리고 계십니다. 우리가 아버지께 돌이키는 결단의 발걸음을 내딛을 때, 예수 그리스도는 구원의 보혈로 우리 영혼의 상처를 씻어주십니다.

우리 영혼을 덮고 있는 죄와 상처의 누더기를 벗기시고, 사랑의 입술로 입 맞추시며 전능의 발걸음으로 뛰어 오시사, 우리 영혼을 안아주시고, 우리 눈물을 닦아 주실 것을 믿읍시다. 세상은 흔들리고 사람들은 변해도, 우리를 향한 아버지의 사랑은 한결같음을 믿고, 오늘도 주님의 손을 붙들고 살아가기를 축복합니다.

내 눈을 보세요..

거친 피부, 거친 손,
세상의 무게에 억눌린 당신의 어깨..
잡아줄 사람없어 민망한 당신의 손..

지난 한 주,
얼마나 힘드셨나요?

아무도 몰라준다,
섭섭해 마세요..

나는 알아요,

세상이 그런 곳임을..
수천 송이 꽃을 나르는 꿀벌처럼
인생을 다 바쳐 녹아져도

맛보는 것은 쓴물임을
나는 그 누구보다 잘 알고 있어요

하지만,
이제 나는 당신을 붙들려 해요

비록 구멍이 나고
거친 손이지만..

세상이 무너지고
모든 것이 사망에 빠지는 그 순간에도
당신을 놓지 않을 자신이 있어요

세상 메아리가 외치는 행복은
줄 수 없어도

겨울을 쓰다듬은 봄날처럼
당신의 평생에 내 사랑과 평강으로
쓰다듬어 줄께요..

마음을 진정하고
내 품으로 오세요
가슴에 귀를 대고
심장을 타고 흐르는
내 사랑의 노래를 들어주세요

인식하지 못하는 순간에도 심장은 뛰듯이
당신을 향한 내 사랑은
영원히 두근거릴 테니까요..

21. 명의의 손길

우리는 삶을 살다가 힘들고 지칠 때, 습관처럼 "주여!"라고 외칩니다.

그 "주여!"라는 한마디는 예수 그리스도를 우리 마음속에 모시는 초청의 메시지가 됩니다. 강도 만난 사람을 돌보는 사마리아인처럼, 응급실에 실려 온 환자를 정성스럽게 살피는 의사처럼, 예수님께서는 오늘도 세상의 삶으로 상처받고, 지쳐있으며, 믿음이 식어진 우리 영혼을 사랑과 권능의 눈으로 정성스럽게 살펴보십니다.

사람의 말 때문에 상처받은 마음에 보혈을 바르시고, 영혼의 틈을 타고 들어와 사단이 심어놓은 쓴 뿌리를 성령의 불로 태우십니다. 성령의 쟁기로 질병의 돌을 모두 걸러내 주시고, 오늘도 새로운 꿈, 새로운 비전, 새로운 생각의 씨앗을 심어주십니다.

아침 이슬이 푸른 잎사귀 위에서 부드럽게 미소 짓듯이, 주님의 생명수 이슬은 주님의 품안에서 기뻐하는 내 눈동자 속에서, 오늘도 반짝입니다.

사랑하는 이여!

예수님께서는 오늘도 우리를 치유하기를 원하십니다. 임마누엘 하나님의 회복의 역사는 현대를 살아가는 우리에게 현재이며,

즉시적이며, 온전하게 나타남을 믿읍시다. 지금 마음을 다해, 간절하게 "주여!"라고 외쳐봅시다. 우리의 심장이 살아있음을 증거하듯, 지금 예수 그리스도의 치유의 손길이 우리의 삶을 어루만질 것입니다. 함께 외쳐봅시다.

"주여! 주여,,, 주여..."

이천 년 전, 겟세마네 그날 새벽처럼
두근거리는 심장을 못 자국 난 손길로 다독이며
문이 열리기만을 기다리십니다

당신이 지친 목소리로 "주여!" 외치는 순간,
돌아오는 탕자를 향해 힘껏 달리는 아버지처럼
성령과 함께 영혼의 방으로 들어가십니다

거룩의 마스크를 쓰시고 어둠을 소멸케 하는 불로
불신과 염려, 상처의 잡초를 태우시고

인생의 도상에서 낙망하고 넘어진
내 눈에 그대 눈을
코에 코를
입에 입을 대시고
마음 가득 생기 듬뿍 담아

영혼의 골짜기에 불어내십니다

언어의 대지에 사랑이 꽃피고
넘치는 향기가 내쉬어질 때마다
사랑한다 말해요

생각의 창공에는 성령께서
확신의 무지개를 그려주시사
아버지 마음이 재앙이 아니라
평강임을 알려 주십니다

돌아서기 전에
보혈의 능력으로 영혼을 채우시고
언제든 다시 오리라고
눈웃음으로 확신시켜주십니다

살아서 역사하시는 임마누엘

오늘도 누군가의 입술에서
간절히 외치는 한마디를 기다리며
두근거리고 있습니다

22. 사랑의 힐링

태초부터 지금까지, 하나님께서는 그분의 섭리 안에서 알맞은 때에 믿음의 가정들을 세우셨습니다. 그리고 그 가정 위에 생기를 불어넣으심으로, 주님의 역사와 비전을 성취하셨습니다. 그러나 오늘날의 가정들을 보면, 모양은 아름답지만 살아있지를 못합니다. 무엇인가 열심히 움직이고는 있지만, 움직이는 것이 아니라 끌려가고, 묶여있으며, 마네킹같이 살아가고 있음을 봅니다.

사랑하는 이여!
오늘 예수님께서는 한 마리 나비처럼 평강으로 찾아오십니다. 그분은 우리 가정을 묶고 있는 모든 어둠의 끈을 끊으시고, 남편과 아내, 자녀들을 다시 생명으로 회복시켜 주십니다. 보아스가 룻을 위로한 것처럼, 외로운 마음에 사랑을 부어주시고, 주님의 섭리 안에서 아름다운 풍경으로 그려지는 가정으로 회복시켜 주십니다.
사랑의 힐링... 이것은 우리의 역사가 아니라, 주님의 섭리이며 계획입니다.

이 시간!
치유의 두 팔을 벌리시는 예수님께 우리의 가정을 맡겨 드립시다. 그리고 하나님의 섭리의 풍경화에서 가장 아름답고, 살아있으

며, 주님께 기억되는 가정이 되게 해달라고 이 시간 소망하기를
주님의 이름으로 축복합니다.

하나님의 섭리는
영원하신 계획의 스케치와 보혈로 채색되고
성령 충만의 기름으로 덧대어진
무언가의 풍경화와 같습니다

다윗이 노래한
푸른 초장 위에

주님의 섭리 따라
못 자국 난 손으로 지어진
가정들이 세워지고

하나님 보시기에
가장 아름다운 풍경으로
그려져 있습니다

살아있었고
춤추며 노래했지만
아무 말 없는 도로 위의 표지판처럼

존재의 이유를 상실한 집들이 보입니다

봄바람을 타고
조용히 날개 치시고
한 마리 나비처럼 날아
멈춰진 창가 사이로 들어가십니다

마치 인형극을 보는 듯
보이지 않는 끈에 매달려
어색한 표정을 지으며 살아가는
인생들을 보시고

평안히 날아
그 끈들을 끊으십니다

책임감에 억눌린
한 남자의 어깨를 토닥여 주시고

외로움의 산 위에서
그리움에 울부짖는
한 여인의 손을 잡으시고
함께 울어 주십니다

생기를 잃어버린

아이의 눈에 눈을
코에 코를
입술에 입술을 대시고

십자가 위에서 쏟으신
그 사랑을 쏟아주십니다

다시 힘을 내어 일어납니다
사랑받음에 기뻐합니다
주님의 길을 따라 걸어갑니다

이것이 주님과 함께하는 가정입니다

사랑의 힐링..
그것은 하나님의 마음,
섭리의 풍경화를 은혜로 채색하는 손길이며

오늘을 살아가는
가정을 향한 예수의 노래가 됩니다

사랑하는 그대여,
가정의 창을 열고 그 은혜를 맞이하세요

치유의 풍경화가 그려질 것입니다

23. 내 눈물 모아

한 때 눈물 흘리고, 두려워했으며, 연약했던 한 사람이 생각납니다. 그는 자기가 가장 순수했던 어린아이의 심정으로 돌아가 자기의 연약함, 슬픔, 아픔들을 조용히 고백하고 있습니다. 눈물 흘리고 싶지 않지만, 주름진 눈가 사이로 슬픔은 흘러내리고, 한도 끝도 없이 연약했으며, 주저앉을 때도 많지만, 이제 이 사람은 순수한 믿음의 고백을 드리고 있습니다. 왜냐하면, 모든 슬픔, 연약함, 아픔이 주님의 손에서 아름다운 선으로 바뀌고 있음을 체험하고 있기 때문입니다.

주님은 못 자국 난 손으로 우리 눈물을 닦으시고, 인생의 골짜기에서 두려워하는 우리 손을 붙들어 주십니다. 주님의 말씀이 우리 발의 등이 되고, 우리 길의 빛이 되셔서, 우리가 걷는 이 길이 사망의 길이 아니라, 축복의 길이요, 섭리의 길임을 깨닫게 하십니다. 그러면서 우리에게 조용히 속삭이고 있습니다. 하나님께 자존심을 드러내지 말라고 말합니다. 우리가 가진 것, 우리가 가진 지식, 우리가 가진 계획을 자랑하지 말라고 소리칩니다.

고백이 가능했던 이유가 무엇이라고 생각하십니까? 바로, 하나님을 중심으로 만난 사람은 자기의 실존, 자기의 연약함을 발견하기 때문입니다. 하나님 안에서 자기를 발견할 때, 우리는 교만하게 굳은 목이 아니라, 차마 주님을 바라보지 못한 채 엎드린 한 사람처럼 겸손으로 나아가야 함을 깨닫기 때문입니다.

사랑하는 이여!
주님에게 어떤 사람으로 기억되고 있습니까? 주님께 나아가는 우리의 발걸음은 겸손의 속삭임입니까? 울리는 꽹과리입니까?
주님을 만납시다. 경험합시다. 더 이상 교만으로 나아가지 맙시다. 항상 겸손함으로, 주님을 의지합시다. 주님의 강함이 우리의 강함이 될 것입니다.

울보라고 놀리지 마세요

비록 내 마음속 계절이
겨울이라 해도

하루하루 아쉬워할 때마다
뜨거운 내 마음은 얼지도 않고

가슴을 지나 감겨진 주름사이로 흐르며
살아있음을 노래하니까요

겁쟁이라 놀리지 마세요

당신이 그토록 강하다 생각해도
인생의 사방이 정체되는 순간에
내가 제일 먼저 떠오를 테니까요..

약하다고 놀리지 마세요..

내가 약해질 때마다
영혼 깊숙한 곳에서
누구를 의지해야 할지를
깨닫게 되니까요

눈물이 흐르고
두려워하며
연약해도

나는 괜찮아요! 정말 괜찮아요!

사랑의 하나님,
내 눈물 잉크 삼아
기쁨과 기적과 기회의 이야기를 쓰시니까요

내가 두려울 때
내 옆에서 내 손을 붙드시사
모든 두려움으로 두렵게 하시니까요

내가 약함을 알기에
하나님의 손에 내가 새겨져 있고

오늘도 주님 따스한 손으로
감싸 안아주심을 느끼고 있으니까요

하나님 앞에 자존심을 드러내지 마세요,
바보같아요
주님이 원하시는 건 당신의 진심이에요

울고 싶으면 울고
있는 모습 그대로 드러내세요

인생의 백지 속에
하나님께서 감격에 넘치는 추억으로
다시 써 주실 테니까요..

내 눈물 모아..

24. 참회록

30년이 넘는 시간동안 주님의 종으로써 삶을 살아가면서, 많은 사람들을 만나고, 경험했습니다. 각자의 삶의 자리에서 성공하고, 높은 위치에 있으며, 사람들의 박수를 받고 있는 사람들도, 마음 한구석에는 상처가 있고, 위로받기를 바라며, 눈물 흘리고 있는 것을 보았습니다. 그런데 한 가지 안타까운 사실은 자기 스스로의 문제가 무엇인지 깨닫는 그 순간에도, 자기의 본질을 드러내지 않으려고 한다는 것입니다. 언젠가부터 우리는 하나님께로부터 오는 축복을 사모하면서도, 자기의 상처나 아픔, 죄를 드러내기를 두려워하고 있습니다.

사랑하는 이여!

진정한 치유가 있기 위해서는 죄의 근원, 상처의 근원, 문제의 근원이 드러나야 합니다. 그리고 그 문제의 근원이 드러나는 가장 좋은 방법은 내 중심을 들고 하나님께 나아가 간절히 회개하는 것입니다. 주님 앞에 내 실존을 들고 참회할 때, 주님과 우리 사이에 참된 화해가 있습니다. 하나님의 자녀로서 도저히 받아들일 수 없는 죄를 회개할 때, 주님이 주시는 참된 회복이 임하게 됩니다.

사랑하는 이여!

회개는 부끄러운 것이 아닙니다. 그것은 우리를 한결같이 사랑하는 아버지를 신뢰함에서 나오는 결단이요 용기입니다. 우리가 아무리 숨기려 해도, 주님은 우리보다 우리를 잘 아시고, 우리 인생 전체를 보고 계십니다. 그분이 오늘 내 중심에서 울려퍼지는 회개의 메아리를 듣기를 원하십니다.

부끄러워말고 주님께 우리의 인생의 이야기를 들려드립시다. 우리의 모든 죄가 주 예수님의 보혈로 인해 눈과 같이 희어지고, 우리는 죄인이 아니라, 사랑받는 주님의 자녀임을 다시금 삶으로 경험하게 될 것입니다.

이 시간 주께 내 마음 드려 비오니
나의 믿음 없음을 용서하여 주소서

주님을 사랑한다 말하고
가식의 가면을 쓰고
세상을 더욱 사랑하였음을
용서하여 주소서

죄의 늪에 빠질 때마다
구원해 주신 추억을 잊어버리고
눈의 유혹을 받아
또 다시 범죄함을 불쌍히 여겨 주옵소서

기도 시간에 염려와 손잡고
불평 불만과 입 맞추며
예수의 이름을
유다의 입맞춤으로 팔았던 나를
버리지 마옵소서

말씀의 샘물에
병든 영혼을 담가야 함에도
하늘을 찌르는 대나무처럼
교만의 바벨탑을 쌓은 나를
생각하여 주옵소서
예배가 습관이 되고
감사는 먼 나라 이야기이며
찬양의 문을 굳게 닫은
내 삶을 치유하여 주옵소서

하늘을 종이삼고 바다를 먹물삼아도
내 인생의 참회록을 다 쓸 수 없지만,,

사랑의 주여!
다시 한번 간구하오니
진노 중에라도 긍휼을 잊지 마옵소서

세상의 파도 속에서

영적 중심을 잃어
영원한 사망으로 침몰하지 않게 하시고
그리스도의 보혈 앞에
내 전 존재를 내려놓사오니
피 묻은 손으로
나를 안수하여 주옵소서

그래서 이 모든 참회의 고백이
예수의 이름 안에서
구원과 회복의 메아리가 되게 하옵소서

25. 가을 사내(산)

사랑은 우리 몸과 마음과 영혼을 봄날의 나비 같이 기쁘게 합니다. 사랑하는 사람들의 손은 따스하고, 볼은 홍조를 띄며 아무 말 없어도 손으로 전해오는 사랑의 노래를 흐뭇하게 들으며 만족합니다. 가을은 하늘과 사랑에 빠진 듯합니다. 모든 자연이 붉게 옷을 입고 내어민 하늘의 손을 잡고 계절의 아름다움을 노래하고 있습니다. 아름답지만 외롭고 쓸쓸한 이 계절은 세상의 삶에 지친 우리의 마음을 노래하는 듯합니다.

시간이 우리 이마에 계곡을 만들고, 세상의 삶이 겨울 처마 밑 고드름처럼 우리 마음을 딱딱하게 만들 때, 조용하지만 분명하게 마음을 담아, 주 예수님은 한 송이 평강의 꽃을 들고 우리를 찾아오십니다.

우리 손을 잡으시고, 우리 마음을 안다는 듯 우리 일상의 자리를 벗어나 아버지 하나님이 준비하신 샬롬의 테이블로 인도하십니다. 그곳은 아버지 하나님의 임재가 거하는 은혜의 구름 속, 우리를 만족시킬 새벽이슬로 우리 마음의 잔을 따스하게 적셔줍니다. 일상의 반복과 방향을 알지 못해 초조해하는 우리에게 주님은 손을 내미십니다. 그리고 이 계절을 함께 경험하며 하나님의 임재의 산으로 함께 가자 하십니다.

부끄러워말고, 언약의 꽃을 머리에 꽂은 소녀처럼 주님의 손을 붙듭시다. 한결같이 우리를 사랑하는 믿음직한 사내의 품에서 기대어 평강을 누립시다.

하늘이 내어민 손길이 부끄러운지
두근거리는 가슴을 진정시키며
홍조를 띠는 가을은 수줍은 소녀와 같다

고개 숙여 말없는 그녀를 바라보며
부드러운 손길로
붉은 볼을 어루만지는 당신은

온 우주를 설레이게 하는
찬란한 이름 예수라

말없이 내 손을 잡고
꽃의 두근거림을 느끼며

땅의 그을음을 벗어나
아버지 빛 나리는 곳,
계절의 오솔길로 나를 이끄시네

은혜의 비를 머금은 구름이
대접하는 이슬을 마시고
새로 출발하는 부부를
축하하는 하객들처럼

우리의 발걸음을 축하하며
부러워하는 단풍잎은
바람과 함께 손짓하고 있다

높은 하늘과
마주 닿은 풍경과 마주 잡은 우리는
찬란하게 아름다운 가을의 풍경이어라

아무 말 없이도
서로의 눈빛 속에서 우리는 즐겁고

근심을 떨어버린 한그루 나무처럼
세상을 부러워하지 않는 평강으로
나를 바라보는 당신은

가을의 사내,
그 품에 내가 살아가네..

26. 그 바다는 기억하고 (바다)

 헤밍웨이의 소설 '노인과 바다'에 보면, 노인이 85일간 고기를 낚지 못하다가, 큰 물고기를 낚는 모습이 나옵니다. 이 노인은 이 고기를 땅으로 끌고 가려 했으나 물고기의 힘이 너무 세서 점점 바다로 끌려갔고, 결국에는 상어 떼의 공격을 받아서 뼈만 남은 물고기만 남기게 되었습니다. 열심히 일하고도 앙상한 뼈만 남긴 이 노인, 이 노인의 모습이 바로 우리 인생의 모습이 아닐까요?

누군가 인생은 거친 바다를 항해하는 것과 같다고 했습니다. 그 항해를 통해서 사람들은 소망의 그물을 던져, 성공의 물고기를 낚으려고 하지만, 날마다 계속되는 빈 그물을 바라보며, 자기의 무능함과 큰 상실감을 맛보며 살아갑니다. 이래서 눈물바다의 맛은 그토록 짠 것 같습니다.

어쩌다 한 마리 큰 물고기를 낚아도, 이 세상은 나로 그 축복을 누리는 것을 질투하는지, 앙상한 뼈만 남긴 채 비웃듯이 우리를 떠나갑니다.

절망감에 빠진 이여!

과연 바다에 그물을 던지고 있습니까? 베드로를 찾아가신 예수님께서는 깊은 곳에 그물을 던지라 하십니다. 동일하신 임마누엘

예수님은 오늘 우리에게 하나님의 저 깊은 곳, 저 하늘을 향해 소
망의 그물을 던지라고 말씀하십니다.

하나님의 풍성한 축복이 가득한 은혜의 바다는 우리를 기억하
고 있습니다. 우리의 수고, 우리의 땀, 우리의 눈물, 그토록 사무치
게 원했던 축복들을 알고 있습니다.

오늘이 바로 그 날입니다. 확신을 가지고 던집시다.

기쁨에 가득 찬 미소가 보고 싶습니다.

몇 번이나 이 바다를 지나왔는지
너울지는 파도는
나의 머뭇거림을 기억하고 있다

나의 빈 그물을 한심하게 생각하는가?
당신은 그토록 안타까워하는
내 마음의 파도를 알지 못한다

성마른 나의 꿈들,
저 바다에 버린 지 오래지만

오늘도 나는
또 다른 꿈의 그물을 실어
파란 도화지 위에

내 소망을 스케치해보려 한다

처음에는 사랑을
다음에는 또 사랑을
나의 순애보는 굳고 굳어져

내 이마 계곡을 흐르는 애증을
손등으로 닦아내면서

내 안에 들어오기를
내 꿈의 스케치에 채색되기를
생명으로 펄떡이는 꿈들을 보며
나 또한 웃게 되기를..

밤의 장막이
하늘을 덮은 시간,

거친 나무 바닥에 머리를 기대고
어린 아이 옹알이 같은 별들을 바라본다

깜박이는 내 눈 속에서
각기 다른 포즈를 짓는 저 별빛들이
내 마음속 그물을 채우고

이제 알았다는 듯
내 소망의 그물을 들고
저 하늘을 향해 던져본다

내 지친 마음을 쓰다듬은
생명의 소리 가득 차있다

위를 향해 그물을 던지라,
그 깊은 사랑에 던지라,
그 사랑을 건지라
그 바다에 당신의 영혼을 새기라..

27. 되돌아온 편지(사람)

 사랑하는 사람에게 보내는 편지 속에는 다른 사람이 알지 못하는 그 사람을 향한 마음과 사랑, 애틋함과 걱정이 담겨있기 마련입니다. 그러나 가장 슬픈 사랑의 편지는 아무런 답장을 받지 못한 채, 우리 마음만을 전하고 있을 때일 것입니다.

우리가 믿는 기독교는 종교가 아닙니다. 예수님은 사랑이요, 예수님은 살아계시며, 오늘도 사랑하는 우리를 향해 우리 마음의 우체통에 그분의 마음을 보내고 계십니다. 그분은 우리의 모든 것을 아십니다. 상처도 아십니다. 우리를 위로하기 원하시고, 우리와 함께 했던 그 추억을 단 한 순간도 잊지 않고 계십니다.

어떤 신학자는 말하기를 주님은 매일매일, 우리 인생의 모든 순간을 사용하셔서, 우리에게 말씀하신다고 했습니다.

그분의 음성을 들읍시다. 세상의 삶이 바쁘고, 우리 가정과 우리 자녀, 우리 직업에 몰두한 나머지 주님의 음성을 놓치고 있지는 않는지요? 그 주님의 쓸쓸한 감정을 알고 있는지요? 사랑하는 이여! 진정한 사랑은 함께 함입니다. 같은 곳을 바라봄입니다. 교제하는 것입니다. 같은 추억으로 기뻐함입니다. 어제나 오늘이나 영원토록 끝까지 우리를 사랑하시는 그분께 오늘의 삶을 말씀해

드립시다.

오늘도 주님의 편지가 천사의 손에 들려 있습니다. 주저하지 말고, 그 편지에 답장하십시오. 서로의 마음이 담긴 편지가 쌓여 추억의 나무에 열매가 맺는 그 날까지..

사랑하는 당신에게,

많은 일로 인해 바쁜 줄 알지만
당신의 소식이 너무나 아련하여
이렇게 써 봅니다

당신이 나를 떠나간 이후로
나는 단 하루도
편하게 잠을 자본 적이 없습니다

조금만 걸어도
절뚝거리는 다리는 괜찮은지..

밥은 잘 먹고 있는지
당신 마음속 흉터 위에 심어둔
내 사랑의 꽃은 잘 자라고 있는지..

매일 밤,

나는 당신이 누웠던 자리를 어루만지며
우리 사랑이 꽃피었던 그날들을
추억해봅니다

그 봄날을 기억하나요?

아침 햇살이 창으로 비춰올 때
그 빛 이슬을 맞으며
우리 속삭였던 그 사랑을..

울음을 잊기 위하여
함께 밝게 웃었던 것을

맞잡았던 두 손 모아
하늘 아버지께 기도하던 때를

높고 높은 가을 하늘과
황금물결 곡식을 바라보며
신뢰의 미소를 짓던 우리의 눈동자를

당신은 기억하고 있나요?

이 편지를 쓰면서도
즐거운 추억의 자취가

나로 미소 짓게 하고
두근거리고 떨려
글씨가 흐려지고 있습니다

당신의 이야기가 듣고 싶습니다.
오늘 밤 내 꿈에 와서 자세히 말해주세요

나는 매일 당신이 올 때를
고대하고 있겠습니다
당신도 나를 끝까지 사랑하면
나도 당신을 끝까지 사랑하겠습니다

28. 나리는 찬란함에 날개를 피고 (하늘)

 일상의 삶에 지쳐, 가끔 다른 사람들의 인생들을 살펴보러 시장에 갈 때가 있습니다. 우리도 그 사람을 모르고, 그 사람도 우리를 모르지만, 표정에서, 손짓에서, 그의 말과 걸음걸이를 통해서, 우리는 그 사람의 일상의 음악을 들어볼 수가 있습니다. 모두 자유롭게 살고 있어 보이지만, 우리는 마치 새장에 갇힌 한 마리의 새처럼, 땅에 깊숙이 뿌리내린 한 그루 나무처럼, 날개가 있으나 날지 못하고, 노래할 수 있으나 노래하지 못하며, 움직이고 싶어도 움직이지 못한 채, 정해진 일상에 따라 살아가고 있습니다.

어릴 적 시골 마을에서 보았던 그 나무는 계절에 따라 다른 모습을 보여주지만, 오늘도 거기 서 있습니다. 우리의 삶은 어떨까요? 오늘 땅을 바라봤나요? 아니면, 하늘을 향해 뻗은 가지를 바라봤나요? 가을바람이 거센 이유는, 가을 하늘이 그토록 높은 이유는, 우리를 바람으로 임하시는 성령님과 함께 저 은혜의 창공으로 날아가게 하시기 위함입니다.

육은 이 땅에 있으나, 우리 영혼은, 우리 믿음은, 우리 중심은 땅에 매어있지 않습니다. 떨어지는 낙엽을 계단 삼아, 믿음의 날개를 활짝 펴서, 저 은혜를 향해 날아갑시다. 밟히는 낙엽이 고독을 노래한다 해도, 우리 영혼의 발은 그 모든 발자국이 하나 되어, 하나님을 기쁘시게 하는 아름다운 노래가 될 것이기 때문입니다.

나는 한 그루의 나무

누군가의 손에 의해 심겨져
땅의 심연 속에 다리를 묻고

거절하는 땅을 대하여 아픔을 참고
내 뿌리를 내려 잎을 내고

줄기를 내고, 가지를 내어
오늘 이 자리까지 왔습니다

봄에는 생명의 옷을
여름에는 새들의 공연장이 되고

겨울에는 작은 부레로 강한 수압을 이겨내는
심해 물고기처럼
외롭고 남루해도 살아내려 합니다

하지만 내가 사랑하는 계절은

이 가을입니다

높은 저 하늘을 바라보며
붉어진 얼굴로 손을 들고 있는
나를 주목하는 자가 있음을 알기 때문입니다

나 비록 이 땅에 있으나
저 새들이 하늘을 날아갈 때
그 등에 올라타
그리운 그곳에 갈 수 있기 때문입니다

하나하나 떨어지는 잎사귀를
발판 삼아

하늘 위로
구름 위로
별 사다리를 지나

한밤을 밝히는 찬란한 불꽃처럼
주의 은혜의 만나를 맛볼 수 있기 때문입니다

이 세상은 나에게
아낌없이 주는 나무가 되라 하지만

나 비록 모든 것을 다 잃어
밑둥만 남아도

가을바람을 타고 오늘도 나리는
사랑의 초원을 향해 날아가는 즐거움은
빼앗기지 않을 것입니다
그분을 향해 성령 바람 타고 나는
찬란한 기쁨의 노래를..

29. 전능자의 예찬

하나님의 말씀의 빛은 참으로 놀랍고 놀라운 경이입니다. 그것은 어둔 바다에서 고기를 유도하는 집어등과 같아서, 우리 인생의 바다에 주를 향한 찬양의 단어들을 모아주기 때문입니다. 어떤 의미에서 우리는 모두 하나님 앞에 거룩한 시인입니다. 계절 속에서 주님이 창조하신 모든 만물을 바라보며, 영혼의 고백을 드릴 수 있는 사람이기 때문입니다.

산, 그것은 힘들 때마다 우리에게 힘이 되시는 강하신 주님을 보여주고, 드넓은 인생의 바다는 우리 소망이 저 하늘에 있음을 알게 해주었습니다. 매일 주님의 편지는 세상의 삶으로 잃어버린 우리의 영적 감각을 되살려 주고, 우리가 주님의 끝 사랑임을, 오늘 우리가 사랑해야 할 분은 오직 주님이 되심을 깨닫게 하셨습니다.

성경은 우리에게 우리 시민권은 하늘에 있다고 말씀하십니다. 비록, 우리 육체는 이 땅에 뿌리를 내리고 있지만, 하나님께서는 예수 그리스도의 십자가로, 우리 영혼을 자유케 하시고, 믿음의 날개를 허락하시사, 성령의 바람 타고, 매 순간 하나님의 임재로 나아올 수 있도록 자유를 주셨습니다.

사랑하는 이여! 하나님께서 우리의 삶으로 인하여 진정 기뻐하며, 만족하고 계심을 인식하고 있는지요? 하나님은 오늘 우리 인생의 계절을 바라보시고, 그 노래를 들으시고, "보시기에 심히 좋았더라"라고 칭찬하십니다. 우리의 삶을 가사 삼아 때때로, 즐겁게 노래하시고, 온 우주를 향해서 당신의 삶을 예찬하십니다.

이제 삶의 자리에서 당신의 시를 주님께 올려드립시다. 마음을 담고, 느낌을 담고, 감사와 찬양을 담아 당신의 글씨체로 주님께 드립시다. 앞으로 쓰여질 우리의 시가 기대됩니다. 주님께서 그 기쁨의 때를 우리에게 허락하신 줄 믿습니다. 아멘

이때의 그토록 아름다운 것은
나의 창조의 결과 때문이 아니요

저 태초에 내가 꿈꾸었던
평강의 노래가
당신의 삶을 통해 연주되기 때문입니다

나는 당신의 힘이 되는
강한 남자이고 싶습니다

힘들고 지칠 때마다
당신을 이끌어

은혜의 구름 속에 숨겨진
내 평안을 마시게 하고 싶기 때문입니다

내 눈은 그대를 위한
끝없는 축복의 바다,
내 눈동자에 그대의 소망을 던져주세요

당신의 만족이 될 것입니다

어제나 오늘이나
끝까지 당신을 사랑하니
당신도 나의 끝사랑이 되어주세요

꽃으로도 상처받는 당신임을 알기에
이 한 몸 기꺼이 저 사망의 땅에
씨앗으로 뿌려

눈물도 없고, 아픔도 없고
근심도 없는 샬롬의 초원에
당신을 심을 것입니다

당신의 영혼은
강한 날개가 있으니
붙드는 그에게서 등을 돌리고

성령의 입김 타고 내게 오세요..

이 가을,
당신의 풍경은 참 아름답군요

당신을 사랑할 수 있어서
곁에 있어줄 수 있어서
위로할 수 있어서
채워줄 수 있어서

난 참 행복합니다

30. 빨래

저의 딸이 어릴 적에 난치병에 걸려서 매일매일 병원에 업고 다닌 적이 있습니다. 때로는 먼저 천국에 보내야 할지도 모르는 절망감에 젖어 밤마다 눈물로 베개를 적시고, 이불을 적셨습니다. 그렇게 눈물로 밤을 지새우다 아침에 눈을 떠보면, 간밤에 흘렸던 눈물 자국들이 그대로 남아 있었습니다. 그 자국들을 볼 때, 주님은 말씀하셨습니다.

"내가 너와 함께 하느니라! 나는 절대로 포기하지 않으리라! 내가 너의 위로가 되어 주리라!"

그 음성을 듣는 순간, 저는 저의 절망감이, 제 옆에 계신 주님의 사랑을 삼키고 있었음을 느꼈습니다. 그리고 내 삶에 오셔서, 그 눈물의 얼룩을 보혈로 씻으시고 깨끗케 하시는 주님의 손길을 느낄 수 있었습니다.

세상의 삶이 힘들고, 원치않는 문제와 염려로 인하여 두려워하는 이여! 우리가 잃어버린 것은 우리 옆에 항상 함께 하심을 알고 있는지요? 그분은 우리의 마음에 가득 찬 슬픔과 염려의 얼룩을 주목해 바라보십니다. 그리고 오늘도 골고다 언덕에서 흘리신 보혈로 씻어주십니다. 어미 새의 날개 아래서 아기 새들이 평안을 누리듯, 예수님으로 영혼을 덮고, 그분의 마음을 느껴봅시다. 우리

마음만 알아달라고 보채지 말고, 주님 마음이 우리 마음, 내 마음
이 주님 마음이 되어, 오늘도 깨끗한 내 마음을 아버지의 얼굴빛으
로 말려주시는 예수님의 미소를 바라보실 수 있기를 바랍니다.

오늘 인생의 날씨는
구름 가득, 흐림
구름이 울듯 나도 웁니다

그럴 때마다
나는 마음 한구석 방에
외로이 덮고 있던 이불을 꺼내

흐느낀 흔적들을
바라보고 또 바라봅니다

그 얼룩들 속에서
나는 님 잃은 내 영혼이
어색해진 옆구리를 안아주길 바라던
외로움을 보고

모두들 행복하게 웃는데
왜 내 영혼만 침전되는지 이유를 찾고

애틋한 눈길과
바다같이 넓은 내 님의 목소리,
산들바람 같은 그의 숨결을

그리고 그리며
그리워합니다

지금까지 잃어버렸지만
잃은 줄도 모른 채
더듬어 걸어갑니다

더듬는 나의 마음,
발자국마다 그림자를 나타내고

마침내
내 님을 만났습니다

내 마음의 얼굴을 주목해 보시고

"이런 너의 절망이 나의 사랑을 삼키웠구나"
하며 안타까워하십니다

피 묻은 손으로 모든 얼룩을 닦아내고
성령의 가위로

검어진 마음을 오리고 오려
모든 것을 더해 주십니다

예수 마음, 내 마음
내 마음, 예수 마음
주의 얼굴빛에
하얗게 빛나는 내 마음

31. 용기

요즘, 젊은 연예인들이 군대에 입대해서 실제의 훈련을 체험하는 프로그램이 인기를 끌고 있습니다. 연예인들은 이 체험을 통해서, 군인의 자세, 정신, 다양한 훈련을 통해 군인의 걸음걸이와 행동, 말투를 배우게 됩니다. 이 모습을 보면서, 저는 그리스도의 군사 된 우리가 가져야 할 자세는 무엇인지를 생각해 보았습니다.

우리의 인생은 거친 바다를 항해하는 배와 같이, 메마른 광야 위를 걷는 것처럼 몹시 힘든 일이지만, 우리 모두는 그리스도의 군사로써, 자세와 생각과 희망을 가지고 살아야만 합니다. 성령과 함께 동행합시다. 세상의 먼지로 믿음이 더럽혀지지 않게 말씀의 생수로 믿음을 투명하게 유지합시다. 주님이 할 수 있다 하시면, 못할 것 같아도 시도하고, 주님이 기뻐하시면, 눈물의 바다에서 하늘을 쳐다봅시다.

육체적 건강, 마음의 상처, 인간관계를 중요하게 생각하는 오늘! 우리가 그리스도의 군사로써 진정한 용기를 품어야 한다고 권고하고 싶습니다. 성령의 용기를 품은 자가 됩시다. 제자들을 영혼의 어부로 사용하신 그분께서, 우리의 삶의 매일에 축복의 씨앗을 심으시고, 절망의 자갈을 거둬주시며, 풍성한 부흥의 열매로 자라나게 하실 것입니다.

새날이 밝았다

분주한 발걸음들,
어디론가 걸어가고 있지만
그 모든 발걸음의
방향과 목적과 결과는 너무 다르다

의식하지 않아도
오늘 나는 작은 예수

어디인지, 무엇인지,
왜 그 길을 걸어야 하는지
알지 못한 채 또 하루를 시작한다

당신이 이 하루를 시작하기 전,
성령이 주신 메시지를 전한다

예수를 아는 자에게 절망은 없다

주님이 웃으시니 나도 웃고
주님이 슬퍼하시니
나도 울고

주님이 할 수 있다 하시니 나도 할 수 있다

주와 같이 길가는 것 즐거운 일 아닌가?

일상을 벗어나 의의 길로 걷고 또 걸으라
저 천국의 평지가 보일 때까지

마음속에는 항상 하늘을 담고
태양을 담고
별이 빛나는 밤을 담아
오늘도 씨를 뿌리고 또 뿌리는 자가 되라

성령과 발을 맞추며
거룩의 쟁기로 불가능을 거두어 내고
주님 마음의 투명함이
내 마음의 투명함이 되기까지 힘차게 걸어가라

십자가 뒤로 늙음은 가고
사자의 청춘으로 살아가라
그것이 바로 용기이다

32. 서정

 심리 치료의 방법 중, 미술치료라는 것이 있습니다. 이것은 그림으로 한 사람의 심리상태와 감정을 그려보게 함으로써 그 사람의 문제를 발견하고 치유하는데 도움을 주는 치료방법입니다. 이런 의미에서 하나님께서 우리에게 주신 미술은 시라는 붓을 통해서도 그려질 수 있습니다.

 오늘을 살아가는 사람들의 마음은 겨울눈으로 뒤덮인 산과 같아서, 어떤 소망과 희망도 찾아볼 수 없이 절망 가운데 살아가고 있습니다. 그런 우리를 위하여 오늘도 주님은 우리 마음속에 평강과 위로의 불빛을 비춰주시어 굳어진 마음을 제하시고 부드러운 마음을 주십니다. 그분은 우리의 등 뒤에 서시어, 우리 인생의 모든 짐을 주님이 대신 지시고, 우리의 눈을 들어, 슬픔의 과거가 아니라, 희망의 내일을 바라보게 하십니다. 서로만의 비밀을 간직한 사랑하는 연인들처럼, 마음을 속삭이고, 사랑을 듬뿍 담아 기쁨의 꽃잎을 여러분의 머리 위에 꽂아 주실 것입니다.

 오늘 우리 인생의 풍경은 어떻습니까? 다시금 마음의 심지에 성령의 불로 불타게 합시다. 주님의 서정적인 사랑, 우리의 아름다움이 자연스럽게 그려질 것입니다.

꽁꽁 얼어붙은 저 민둥산을
누가 마음이라 믿겠는가
그저 고요하다

아무도 찾지 않는 이 고요함

조용히 홀로 찾아가
그을림 가득한 영혼의 심지에
성령의 기름을 부어
예수 그리스도로 불타오르게 하라

얼어붙은 저 마음,
아버지의 영광으로 향기 나리라

오늘 흘리는 나의 눈물은
마음의 그릇을 스며드는 잉크 한 방울

그 쓴잔에 주님을 모셔드려
나리는 하늘을 마시라

한숨 가득 마시고 보니
어느새 주님은 내 곁에 계신다

나의 등 뒤에서 나를 안으시는 주
나의 앞에는 평강이 있고
주님의 등 뒤에는 인생의 짐이 있다

나는 그저 주님 품에 꼭 안겨
아무도 모르게
우리만 알자고 속삭였다

아무 말 없는 편지라도 그분께 붙이라
그분의 마음이 당신의 마음을 읽고

그토록 그리워하던 봄날의 꽃을
머리에 조용히 꽂아주실 테니까 말이다

33. 믿음의 답장

우리가 성경을 읽으면서 힘을 얻고, 다시 소망을 갖는 이유 중 하나는 성경 속에 나타난 사람들의 이야기를 보게 될 때입니다. 아브라함, 이삭, 야곱, 요셉, 바울.. 이런 사람들도 처음에는 너무나 연약했고, 단점 투성이었으며, 아버지 하나님의 마음을 애타게 하는 말썽꾸러기 자녀였습니다. 그래서 하나님은 이들을 붙드시어, 믿음의 사람, 축복의 사람, 구원의 사람으로 사용해 주셨습니다.

저는 이 사람들에게 나의 인생의 수많은 물음표를 적어 편지를 보내보았습니다. 그리고 이 사람들은 친절하게도 우리 믿음의 삶의 원칙들을 마음속에 아름다운 시의 형태로 응답해 주었습니다. 때를 알지 못해도 두려워말고, 주님의 얼굴빛으로 아침을 맞이하고, 기도로 날갯짓하며, 주님의 위로로 이불을 삼고, 열린 바닷속에 우리 죄와 염려를 던져버리고 주를 따라가라고 외치고 있습니다. 땅에 거하지만, 땅을 박차고 올라 은혜의 창공을 날며, 주와 동행하라고 우리에게 외치고 있습니다.

사랑하는 이여!
오늘 우리는 이런 믿음으로 살아가고 있을까요? 두려워하고, 염려하며, 내일에 대한 걱정으로 힘들어합니까? 두려워할 시간에

기도의 날개를 활짝 펴고, 주님과 동행합시다. 주님의 때, 주님의
섭리를 끝까지 신뢰합시다. 그것이 믿음이요, 그것이 믿음의 삶이
요. 그런 믿음의 사람들을 주님이 기억하시고, 끝까지 인도해 주
실 것입니다.

우리 인생은
때를 알리는 시계가 없어요

그저 주님 얼굴 바라보며
새벽이 밝아옴을 알뿐입니다

불신의 날개는 펄럭이지 못하고
기도가 없이는 숨이 찰뿐이니
계속해서 부르짖으세요

힘들수록 하늘을 바라보세요
시험의 산이 주님의 등 뒤로
가라앉게 될 것입니다

밤에 잠들 때마다
세상의 위로를 덮지 마세요

흐느끼는 날에 들리는 주의 음성은
따뜻한 이불이니까요

내 마음의 언덕에도
은혜가 풍성히 피어날 것을 믿으세요

오늘 당신이 해야 할
가장 소중한 일은
열린 바닷속에 절망을 묻고
길 여시는 자의 손가락을
따라가는 것입니다

저 하늘의 새여!
절망을 벗어나 힘차게 날아오르세요

그래서 영원의 저편에서 기다리시는
바다같이 넓은 내 님의 목소리,

산들바람 같은 그의 숨결에
입을 맞추며 살아가세요

그것이 바로 믿음이니까요

34. 음악가 하나님

요즘 신앙생활하는 성도들을 보니, 표정으로, 눈물로, 몸짓으로, 각자의 인생을 보여주고, 또, 그 표정이 말씀을 통해 기쁨이 가득한 영혼으로 바뀌는 것을 보면서, 저는 위대한 음악가가, 작은 음표들 위에 화음을 쌓고, 편곡을 하는 것처럼, 우리 인생을 편곡하시는 아버지의 손길을 보았습니다.

저 천국은 하나님이 인생들에게 하신 찬양으로 넘치는 곳이라고 합니다. 그곳에는 슬픔의 노래, 상처의 노래가 아니라, 오직 감사의 노래만 가득합니다. 오늘 우리는 삶으로 어떤 노래를 부르고 있습니까?

오늘 위대한 음악가 되신 주님의 말씀을 들으십시오. 그리고 주님이 주시는 새로운 기쁨으로 말미암아, 우리의 매일매일이 감사와 찬양이 넘치기를 주님의 이름으로 축원합니다.

감사의 합창, 영광의 나팔소리, 찬양의 하프 소리, 그 옛날 홍해를 울렸던 하나님을 향한 노래가 오늘과 내일, 우리의 인생 전체에 끊이지 않고 울리게 합시다.

그럴 때, 인생의 뛰어난 음악가가 되시는 주님께서 우리의 삶으로 울려지는 찬양을 들으시고, 슬픔에서 기쁨으로, 메마른 기름통과 가루통을 바꾸사, 오병이어의 역사, 가나 혼인잔치에 임했던 물이 포도주로 바뀌는 역사로 응답해 주실 줄 믿습니다.

모든 사람에게는
태어나는 순간부터
마음속에 악보가 있어서
나날들을 살아갈 때마다
작은 음표들을 그리곤 합니다

그 인생의 음악들은
표정, 말, 행동,
스쳐가는 눈가의 주름을 통해 연주되고

그 음악을 들을 때마다
웃기도 하고
울기도 하며
찬 겨울 나뭇가지같이
만조한 느낌이 들 때도 많이 있습니다

그 수많은 표정들 앞에서
나는 그리스도를 노래합니다
아버지의 사랑을 노래하고
성령의 충만을 높여 부릅니다

그 완전하심을 노래할 때
천지를 지으신 아버지의 손으로
슬픔의 노래가 기쁨으로
실패의 노래가 소망으로
상처의 절규가 위로의 합창으로
바뀌기 때문입니다

오늘 당신의 노래를
나는 듣고 싶습니다

그리고 우리 함께
그분의 노래를 부르기를 원합니다

그 언젠가
달려갈 길을 마치고
면류관을 쓰는 그 날..

저 천국에서 울려 퍼질
내 감사의 음악을 기대하면서..

35. 내 마음에 걸어오세요

 때로는 눈에 보이지 않는 것이, 눈에 보이는 전체를 사로잡기도 합니다. 그 작은 것이 바로 우리 인간의 마음일 것입니다. 마음은 깊은 산속을 흐르는 작은 개울과 같아서 아무 말 없이 자기가 품은 생명을 흘려보내고 있습니다. 우리가 생각 없이 하는 말, 그 날카로운 눈빛들은 돌멩이와 같아서 그 물살을 흔들고 아프게 하지만, 던진 사람은 깨닫지 못하되, 그 마음은 그 돌을 원하든 원치 않든 계속 품고 있어야 합니다.

오늘 우리의 마음에는 어떤 돌멩이가 있습니까? 우리의 말은 어떨까요? 파도가 극심한 바다 속에서 주님은 돌을 던지기보다, 그 마음에 맨발로 조심히 걸어가셨습니다. 그리고 "잔잔하라! 잔잔하라!"라고 평안을 선포하셨습니다.

오늘 서로의 마음에 돌 대신 사랑의 꽃잎을 띄웁시다.

우리의 사랑을 기억하도록, 그 향기를 품을 수 있도록, 우리의 마음이 그 누군가의 마음에 사랑으로 흘러가도록, 오늘 우리가 만나는 사람마다, 축복과 형통을 선포해 줍시다.

"주 안에서 사랑합니다. 축복합니다. 당신 참 멋있습니다."

"하나님이 당신과 함께 하십니다. 당신의 빈 그물에 축복의 물고기가 가득 차게 될 것입니다."

"당신의 질병 위에 주님이 손을 대어주시사, 질병의 근원이 사라지게 하실 것입니다"

우리가 이렇듯, 상처의 돌이 아니라, 축복의 꽃잎을 마음에 꽂아줄 때, 그 사람은 우리로 인하여 기쁨의 향기, 감사의 향기, 예수 향기가 끊이지 않는 영적 매력이 넘치는 삶으로 바뀌게 될 것입니다. 오늘 이 축복의 선포가 끊이지 않기를 주님의 이름으로 축복합니다.

마음은
아침 이슬 머금은
숲속의 작은 개울과 같습니다

아무 말 없이 생명을 품고
낮에는 저 태양과 푸른 하늘을
밤에는 가냘픈 달님과 은하수를 품고
그 찬란한 순간들을
아무 말 없이 흘려보내고 있습니다

내게로 와서
두 손 가득 떠 마시고
만족한 듯 웃는 당신을 볼 때마다

세상을 얻은 듯
기쁘게 웃을 뿐이었습니다

말이 없다고
돌을 던지지 마세요

눈에 보이지 않는 물속의 회오리는
잊지 못할 잔상을 남기니까요

파도 위를 걸어
평강으로 오신 예수님처럼
서로의 마음에 사랑의 꽃잎을 띄워주세요

그 향기 마음속에 머금을 수 있도록

그 사랑에 감격하여
내 마음 그대에게로
조용히 흘려보낼 수 있도록...

36. 놀이터

저는 가끔 사역의 자리를 벗어나, 사람들의 일상으로 찾아가기를 즐겨합니다.

바쁜 사역의 일상을 벗어나 마음의 휴식을 얻기 위한 목적 때문이기도 하지만, 더 중요한 이유는 교회라는 창문이 아니라, 일상이라는 창문을 통해 보는 인간의 모습이 더 투명하기 때문입니다. 이런 의미에서 놀이터는 어린아이들의 순수한 마음을 엿보는 투명한 창문과 같습니다. 해맑은 아이들의 웃음소리, 쉬지 않고 뛰어다니는 발걸음, 아이들의 노는 모습을 보며 애틋하게 바라보는 엄마의 눈길은 한 폭의 풍경화를 보는 듯 아름답습니다.

그런데 문득 생각해보니, 작은 놀이터에 많은 아이들과, 엄마 아빠들이 있는데도, 내가 이 자리에 있다는 것에 관심을 갖는 사람은 단 한 사람도 없었다는 것입니다. 우리는 분명히 존재하고 있는데, 존재감을 느끼지 못하는 그 사람들을 보면서, 저는 인생 속에 사랑의 꽃다발을 들고, 사랑하는 신부를 찾아오시는 예수님을 떠올리게 되었습니다.

우리 인생의 자리에 주님도 계십니다. 그러나 주님께 눈과 귀와 마음을 집중하는 사람은 많지 않습니다. 주님은 우리 손이 닿았던 자리를 만지시고, 우리 삶에 온전히 주목하고 계심에도 우리는 여전히 우리가 보고 싶은 것만 바라봅니다.

손바닥도 마주쳐야 소리가 나고, 남자 여자도 서로의 마음을 알고 다가갈 때, 사랑이 시작되는 것처럼, 오늘 주님은 인생의 놀이터에서 만족을 구하다가 돌아가 버린 우리를 기다리고 또 기다리고 계십니다.

사랑하는 이여! 진정 주님이 곁에 계심을 인식하며 신앙생활을 하고 있는지요?

사랑의 예수님의 마음에 더 이상 고아 같은 설움을 느끼게 하지 말고, 현실을 벗어나, 매일의 기적으로 찾아오시는 예수님을 만나고 경험합시다.

우리의 쓸쓸한 어깨를 포근하게 감싸주는 그리운 주님의 품에 안기는 행복한 시간이 되기를 주님의 이름으로 축복합니다.

해맑게 미소 짓는 순수한 눈동자,
또 다른 즐거움을 찾아 내달리는 아이들은
흩어진 푸른 나날을 그리워하는 당신에게
햇발 같은 풍경화입니다

눈은 웃고 있으나
그 마음은 서러움에 뿌리내리고

모두가 함께 말하나
떨어지는 유성을 보며 내뱉는
탄식일 뿐입니다

오늘도 나는 그들에게 이방인
따스한 온기 남은 그네에 앉아
스쳐간 마음을 느껴보려 합니다

해가 등을 돌리고
사랑하는 이를 떠나보내듯
하늘을 향해 얼굴을 붉히면
돌아서는 발걸음,
왜 그렇게 섭섭한지

내 마음,
떠나는 기차를 하염없는 눈물로 쫓아가는
소녀 같습니다

모두가 떠나간 놀이터,
그 자취 속에 나는 이방인
밤빛 물결치는 저 바다를 바라봅니다

언제나 무심한 당신
하염없이 그 이름 되네이다,

듣는 이 없는 사랑 노래 부르다보면
아스라이 멀던 저 별빛이 폭포처럼 쏟아집니다

고사리 같은 손 모으고
기도하는 어린아이처럼
내 눈을 타고 떨어지는
저 소망의 빛 조각 속에
내 사랑, 내 기쁨, 내 평안,
내 위로, 내 축복을 담아
싸늘해진 그대의 자취 속에
그려봅니다

텅빈 놀이터에
외로이 서 있는 나그네 한 사람,

꿀벌을 기다리는 코스모스처럼
갑갑하고 불안한
그 누군가의 손길을 기다리고 있습니다

37. 겨울 더위

하나님이 우리에게 주신 아름다운 선물 중 하나는 추억할 수 있다는 것입니다. 복잡하고 어지러운 현실은 잠시 잊고, 눈을 감으면, 어느새 어린 시절 행복했던 그 순간으로 갈 수 있기 때문입니다. 추억 속에서 우리는 사랑했던 사람들을 보고, 느끼고, 들으며, 생각할 수 있습니다. 저에게 있어서 어머니는 항상 그립고 설레이는 추억입니다. 추운 겨울 함박눈이 가득 쌓인 날이 되면, 어머니는 부뚜막에 나무를 넣고 불을 붙여서, 방을 따스하게 해주셨습니다. 그리고 창가를 통해 비취는 별빛을 바라보며, 조용히 자장가를 불러주셨던 어머니... 그 어머니의 무릎은 푸른 언덕이요, 언제나 그립습니다.

우리 마음에도 때로는 이런 겨울이 찾아옵니다. 내 영혼은 봄날을 지향하지만, 우리 마음의 창은 때때로, 좌절과 체념, 부끄러움과 눈물의 먼지로 가득합니다. 다른 사람들의 인생은 봄인데, 왜 내 인생은 이토록 추울까? 딜레마에 빠지기도 합니다.

사랑하는 이여!

그런 우리를 향해서, 못 자국 난 손으로 평강의 불을 때우시는 주님이 계십니다. 우리를 향한 연민, 관념적이 아닌 사실적인 사랑을 베푸시는 주님이 우리의 곁에 계십니다. 인생에 닥쳐온 시험의 추위를 두려워말고, 지금도 우리 곁에서 위로하시는 주님의 언덕에 기대어 봅시다. 주님의 입술에서 불려지는 생명의 노래에 당신의 미래를 걸어봅시다. 물이 변하여 포도주가 되었듯이, 우리의 인생의 본질이 바뀌는 기쁨의 기적이 나타나게 됩니다.

조용히 눈을 감고
깊이 한숨을 내쉬면
언제나 그려지는 추억 한아름

주름진 어머니,
오늘 밤 내 새끼 춥지 말라고
매운 연기 참아가며 불을 때십니다

겨울 입김 머금은 작은 창문,
수줍게 닦아내보면
눈 모자 쓴 외로운 산,
아지랑이 너머로
터벅터벅 걸어가고 있습니다

"춥다! 이리 와 눕거라!"
마음을 싱그럽게 더듬는 목소리

그 언덕 위에 내 머리를 기대어봅니다
주름진 얼굴, 거친 손, 남루한 옷차림에
바람 머금은 파도 같은
거친 어머니의 목소리

내 머리 쓰다듬으며 들리는
꿈나라의 노래,
숨결마다 따스합니다

그리운 언덕
그리운 어머니..

눈을 뜨고 깊이 한숨을 내쉬어 봅니다

즐겁고 행복했던 추억들은
어정거리며 기억 저편으로 떠나가고

짙어가는 황혼을 바라보며
내 마음 저 처마 끝,
떨어지는 그리움을 맛보고 있습니다

먹구름같이 낀 창가의 먼지를
떨리는 손으로 닦아내보니

온 세상은 아름다운 봄을 입고
풍경을 노래하고 있습니다

이제 문을 열어
저 봄을 이 마음에 맞이해야 할 텐데
나를 격리하는 저 겨울은
내 영혼을 주저하게 만듭니다

이 추운 내 마음,
누가 녹여주었으면 좋을 텐데..

못 자국 난 두 손이
오늘도 나 춥지 말라고
피 묻은 십자가에 성령의 불을 붙이십니다

내 마음을 쓰다듬는 샬롬의 노래,
숨결마다 따뜻합니다

그리운 당신
그리운 예수 그리스도..

38. 동경(憧憬)

 요즘 많은 젊은이들이 인생에 다가온 시험과 고난, 좌절을 이기지 못하고 목숨을 끊는 일이 발생하고 있습니다. 더욱 마음 아픈 것은 이런 슬픈 뉴스들이 신문 구석이나, 인터넷의 스치는 소식으로 사람들에게 들려지고 있다는 것입니다. 인생 속에 다가온 시험과 고난 속에서 사람들은 아무 말하지 않아도 마음으로, 한숨으로, 흘리는 눈물방울로 그 심정을 그 누군가가 봐주길 바라는 심정으로 편지를 씁니다. 그러나 이런 간절한 외침에 귀 기울이고 답장을 써주기에 오늘날을 살아가는 사람들의 마음은 너무 딱딱하고, 너무 스산합니다.

솔로몬이 "나도 내 아버지와 어머니에게 연약한 아들이었다"고 고백했던 것처럼, 저도 어린 시절이 있었고, 젊은 날의 패기도 있었습니다. 꿈을 품고 인생을 살아가다가 여리고성 같은 큰 고난과 좌절을 경험하기도 했습니다. 그러나 그런 좌절을 겪으면서 깨달은 사실은 인생은 좌절이 우리를 뒤쫓아도, 여전히 뜨거운 가슴으로 소망의 씨앗을 뿌려야 한다는 것이었습니다. 우리 삶에 다가오는 절망이야말로 진정 나를 성장시키며, 소망의 씨앗이 얼마나 소중한 것인지를 깨닫게 해주었습니다.

인생에 다가온 실패로 인해 좌절하고 있다면, 우리를 이해하고 공감하시는 분이 곁에 계심을 기억합시다. 그분은 지금도 우리를 위해 위로의 상을 차려주시고, 떨리는 손, 능력의 오른손으로 붙들어 주시사, "힘내라! 내가 너와 함께 하느니라! 두려워말고, 놀라지말라!"라고 위로해 주십니다. 그러므로 잠시 동안 스쳐가는 세상의 위로를 구하지 말고, 우리를 애잔하게 바라보시며 사랑하시는 주님을 의지합시다. 그럴 때, 우리의 인생길에서 머지않아 소망의 엘림을 발견하게 될 것입니다.

그리운 당신에게..

마음의 편지는
내용도 없고 글자도 없으며
우표도 없는데도

그래요..
당신만은 한결같이
내 마음에 감미로운 답장이 되어 주셨어요

어딘지 길을 몰라 헤매 일 때마다
당신은 안다는 듯 고개를 끄덕이며
지금까지 나를 인도해 주셨어요

사실 나는
당신의 자랑이 되고 싶어요

그런데 돌아보면
내 인생은 너무나 가냘파서

나도 모르게 눈물 흘릴까봐
망설이며 돌아섰어요

지친 마음 벗어버리고
마음속 의자에 기대어보니

탁자 위에 올려진 향기로운 차 한잔,
애절한 사랑의 향수를 느끼게 하고

"그래도 나는 너를 믿는다"는
빛바랜 종이 위에 믿음은

희미한 내 꿈 위에
햇빛처럼 스쳐 지나갑니다

나 비록 청춘의 빛을 잃고
매일의 바다가
성낸 표정으로 나를 흔들어도

이제 나는 당신이
외로운 내 영혼을 비추는
소망의 등대 되심을 믿습니다

비록 새로운 하루가 밝아
두렵고 떨려도

어둠은 삼키지 못하는
입술과 같음을 알기에
오늘 이 하루도 나는
그대를 간절히 그리워하며
내 마음의 그릇 속에
찬양의 금빛 샘물을 채울 것입니다

꽃향기와 감미로운 새의 노랫소리가
당신의 이름을 드높이는 것처럼..

39. 사연

라디오에서 아름다운 음악과 함께 시를 낭송하는 저의 목소리를 들은 적이 있는지요?.

라디오로 들으면 바로 옆에서 말하는 것처럼 생각되지만, 사실 저는 혼자 녹음실에서 시를 낭송한 후 방송에 보내고 있습니다. 시를 통해 저는 하나님의 사랑과 예수님의 마음을 전하고, 또 청취자들이 낭송하는 시를 통해 주님을 인격적으로 만나기를 간절히 소망합니다. 하지만 한편으로는 듣는 이의 삶의 이야기가 몹시 궁금합니다. 사랑하는 남녀가 시간 흐르는 것도 모른 채 사랑을 속삭이듯이, 인생의 사연을 알고 싶고, 듣고 싶고, 함께 나누고 싶습니다. 하지만 제가 진정으로 소망하는 것은 우리 주님께 우리의 인생을 쏟아놓는 것입니다.

인간의 입술로 소개되는 인생의 이야기는 돌아오지 않는 메아리 같아서, 사람들의 기억에 금방 잊혀지지만, 우리 주님은 우리의 삶을 아시되, 과거와 현재와 미래를 동시에 보시고, 복주시고, 복주시는 아버지가 되십니다.

자책하지 마세요. 슬퍼하지 마세요! 그저 주님 곁에서 우리 인생에서 잊을 수 없는 그 이야기들을 소곤소곤 나누어 봅시다. 그럴 때, 생각하면 할수록 미소가 나오는 어린 시절 동화처럼, 주님이 우리의 삶을 들으시고, 인생의 사연을 기억하시며, 우리의 불가능 속에 구원의 출구를 열어주실 것입니다.

　조금도 숨기지 맙시다, 전부 다 아룁시다. 예수님에게 우리는 골고다의 채찍과 녹슨 못이 찌르는 고통 속에서도 이겨내고 소망하게 만드는... 마음을 울리는 노래입니다.

　인생을 살다보면 나타나는 의문의 문, 내가 열려고 하면 밀쳐내지만, 위를 바라보면 열려지는 것이 바로 주님의 섭리입니다. 우리의 나날이 푸른 하늘, 구름 한 점 없는 빛나는 은혜가 되기를 소망합니다.

　저 푸른 하늘을 헤엄치는
　구름의 표정은
　정처 없이 헤매는 나그네 같습니다

　나는 오늘도 작은 방에 홀로 앉아

　무심한 당신의 마음에 스치는
　은은한 행복을 속삭여 봅니다

　우리 서로 알지 못하지만,
　나는 말하고
　그대는 귀기울이고

놀라운 마음 한숨 내쉬면

바람꽃처럼
내 마음에 들려오는 인생의 사연들

추수 끝난 빈들 한 가운데
쓸쓸이 서있는 초가집 같습니다

눈물, 아픔, 상처, 괴로움, 배신
시험, 이별...

작은 엽서지에 담긴
삶의 이야기를 읽다보니
불현듯 깨닫는 소소한 진실은

나는 무척이나 행복한 사람이라는 것입니다

내 인생의 사연,
고운 당신의 손에 드릴 수 있고

피 흘리며 외치는
당신의 사랑을 추억하며
웃을 수 있기 때문입니다

내 친구여,
인생의 밤을 괴로워말고

곁에 계신 그 손 붙잡아
소곤소곤 마음을 나눠보세요

매일 나를 괴롭히던
절망의 꿈들은 등 뒤로 밀어내고

당신 마음 깊은 곳,
소망의 빛 조각으로 쓴 인생을
함께 속삭여보세요

동화 같은 주님의 사연을
읽고 또 읽으면
어느새 사라지는 슬픔의 이야기

당신을 둘러싸는
너그러운 사랑을 경험하게 될 것입니다

40. 회귀(回歸)

회복은 멀리 있지 않습니다. 진정한 회복은 우리가 바뀌는데 있지 않고, 우리가 어디 있느냐에 따라 결정됩니다. 탕자의 비유에서 탕자가 그랬고, 주님을 배신한 베드로도 그랬습니다. 연어는 강에서 태어나서 바다로 가서 살다가, 죽기 전 바다를 거슬러 자기가 태어난 강을 기억하고 돌아온다고 합니다. 그리고 알을 낳은 후, 곧 죽게 된다고 합니다. 이런 연어의 삶을 보면서 저는 인간의 삶과 정말 많이 닮아 있음을 깨달았습니다.

우리의 영혼도 아버지께로부터 와서, 세상이라는 바다를 헤엄치면서 성장하고, 자라납니다. 사람 부럽지 않고, 부족함이 없습니다. 모든 삶이 형통합니다. 그러나 주님은 우리 삶에 부족함, 연약함, 고통을 주심을 통하여 우리가 진정 돌아가야 할 곳이 어디인지를 기억나게 하십니다. 저 마음 깊숙이 아무도 찾아오지 않는 산속, 삶 속에 찾아온 고통과 몸부림이 없는 은혜의 세계로 회귀하기를 원하고 계십니다.

사랑하는 이여! 지금 어디에 있습니까? 세상이라는 바다입니까? 아니면 주님의 품안에 있습니까? 이제 우리는 본질로 돌아가야 할 때입니다. 나를 존재하게 하신 주님의 강으로 돌아가, 우리 삶으로 생명을 잉태하고, 부흥을 잉태하며, 복을 잉태하는 삶을 추구해야 합니다. 그럴 때, 우리는 이 연약한 육신이 아니라, 생령으로 변화 받아 주님의 은혜의 보좌 앞에 담대히 서는 아들이요, 딸이 될 것입니다.

뿐만 아니라, "주의 말씀은 내 발의 등이요, 내 길에 빛이십니다"라는 시편의 고백처럼, 우리가 주님 안에서 품었던 생명의 빛을 우리의 가족들에게, 자녀들에게, 주변 친구들에게 비춰줍시다. 그럴 때, 우리의 그 빛을 통해, 어둠이 물러가고, 잃어버렸던 성령 충만이 회복되며, 우리 영혼을 진정 자유케 하는 말씀의 역사가 우리의 삶에 가득하게 될 줄 믿습니다.

한때는 드넓은 저 바다가
전부인 줄 알았습니다

내가 있는 이곳은
영혼을 향한 가능성,
내가 살아있음을 확인하는
통로였기 때문입니다

이 자유를 만끽하고
싱그러운 바다의 축제를 즐기고 있을 때

내가 늘 생생하게 느끼던
이 바다가 너무 생소하게 느껴졌습니다

굳은 유리 같은 마음,
그 딱딱한 어색함의 언덕 뒤에서
들려오는 메아리

영원과 본질이
그리운 향기되어 다가옴을 느낍니다

무언가의 힘에 이끌려
내 모든 내면의 침잠들을

바다를 거스르고
오르고 또 올라
흘러가는 강물에 씻어냅니다

동방박사 큰 별 따라
걷고 또 걸었던 것처럼

지나간 자취는 등 뒤로 하고
달콤하고 향긋한 강의 입김을 맛봅니다

어느새 그 순결함에 조용히 웃어봅니다

이제 내 모든 것을 쏟아내
흐릿하게 너붓거리는 촛불처럼
생명을 낳고 또 낳습니다

인생의 바다를 헤엄치던
영혼이여!

껍데기를 벗어버리고
너의 근심을 벗어나
저 영원한 바다에서 헤엄쳐라!

무한한 은혜로 춤추는
주님의 바다에
그대의 은빛 믿음 조각을 뿌려 비추게 하라

그대가 뿌린 믿음의 조각들이
고난의 강을 거스르는
또 다른 영혼들에게 길과 빛이 될 것이기에..

41. 부재중 전화

사역을 마치고 지친 몸을 소파에 기대고 있을 때, 핸드폰을 보면 수많은 부재중 전화와 음성메시지가 남겨져 있습니다. 주 안에서 사랑하는 성도들의 기도, 따스한 사랑의 격려, 흐느끼는 목소리, 기쁨의 감사 등이 남겨져 있습니다. 이처럼, 지난 시간동안 인생에 지치고, 힘든 분을 향한 주님의 음성이 우리의 마음의 전화기에 오늘도 남겨지고 있습니다.

형식적인 것에 집중하지 말고, 나를 향하신 주의 음성에 귀를 기울입시다. 오늘도 주님의 따스한 위로는 들려질 귀를 기다리고 있기 때문입니다. 주님이 우리를 붙드실 때, 의미 없는 인생의 캔버스에 주님의 축복이 그려질 것입니다. 우리의 눈물과 아픔, 상처는 주님의 보혈의 물결에 모두 씻겨지게 될 것입니다. 우리를 묶고 있던 견고한 성벽이 무너지고, 녹슨 자물쇠로 잠긴 절망의 옥문이 열려지게 될 것입니다. 그러므로 사랑하는 이여! 오늘 주님으로 아무 소리 없이 당신의 마음에 들어오게 합시다. 더 이상 정죄 받지 말고, 우리 주 예수 그리스도가 모든 사단의 역사와 정죄하는 귀신을 쫓아냅니다. 우리와 우리 주 예수님만 알고 있는 은혜의 언덕에 올라 겹겹으로 손을 흔드는 주님의 꽃을 맞이합시다.

사랑하는 이여!

오늘 마음의 우체통을 열어보세요. 그럴 때, 우리를 향한 주님의 크신 사랑이, 터질 듯한 부레로 험난한 바다를 이겨내는 심해어처럼, 우리 인생의 모든 시험과 고난, 좌절을 능히 견디고 승리하게 하실 줄 믿습니다.

한 주가 지났다

아쉬움을 등 뒤로 하고
삐그덕 거리는 의자에 앉아
한숨을 내쉴 때
핸드폰에 남은 부재중 전화 한 통..

귀를 대고
남겨진 그 마음을 조용히 들어본다

십자가로 가는 길이 고통이라 하지만
이 십자가를 메고
당신의 마음에 가는 길은 그리움이고 행복입니다

갈급한 마음에
급히 마시다, 사레 들리지 않도록

작은 나뭇잎 띄워주는
수줍은 소녀의 손길이 내 마음입니다

내 앞에 있는 당신,
오래도록 기억하고 싶어서
내 마음 캔버스에 그려지는
그대의 모습은 행복이라 부릅니다

이렇게 돌아서면 한동안 못 볼 텐데
나도 모르게 눈물이 났어요

솜사탕처럼
입에 닿을 때는 달콤하고
맛볼수록 끌리고

그리운 손 붙들며
푸른 초장 거닐 때면
문득 생각나는 주님의 음성

세상 먼지로 찌그러진 내 입술,
조용히 포개어야겠다..

42. 이야기 꽃

언젠가 뉴스를 보니, 부부가 집에서 대화하는 시간이 평균 15분이 되지 않는다는 통계를 본적이 있습니다. 하나님께서 아담과 하와를 지으신 것은 서로 사랑 안에 교제하고, 서로 한 몸을 이루어, 하나님께 예배하며, 영의 교제를 나누게 하시기 위함이었지만, 오늘날, 우리의 사랑은 메마른 사막과 같고, 교제의 강은 그 바닥을 드러내고 있는 것이 사실입니다. 그리고 이 교제의 메마름은 우리를 사랑으로 찾아오시는 임마누엘 예수님께 마음의 커다란 슬픔과 염려가 됩니다.

주님은 사랑하는 남편으로, 나는 주님께 사랑받는 신부의 모습으로 회복하시기 위하여, 오늘도 주님은 우리에게 찾아오십니다. 평안과 사랑, 치유와 회복, 성령의 충만과 하늘의 축복으로 가득한 은혜의 꽃다발을 들고, 오늘 우리에게 찾아오십니다. 주님은 오늘 우리가 일상을 내려놓고, 주님과 함께 교제하며, 형식적인 대화가 아니라, 영적인 교제를 나누기를 원하고 계십니다. 우리의 눈이 하나님의 영광을 보고, 주님이 우리의 전 존재를 바라봐주시며, 사랑으로 속삭일 때, 피어나는 아름다운 교제의 꽃이 가득하기를 바라고 계십니다.

주님은 스바냐 선지자를 통해서, 우리를 바라보시는 것만으로도 기뻐하시며, 우리의 이름을 부르며 즐거이 노래하신다고 고백하셨습니다.

우리의 마음 저편, 영혼의 정원에는 어떤 꽃들이 피어있을까요? 영혼의 정원은 세상의 것이 자랄 수 없습니다. 오직 주님과 함께 있을 때, 그 영혼 속에는 평안과 감사, 주님이 우리와 함께 하신다는 확신의 꽃이 가득할 수 있습니다.

지금 예수님을 만납시다! 예수님으로 마음을 가득 채웁시다! 주님과 교제하며 평안을 꽃피웁시다! 그 평안의 향기가, 우리의 삶을 가득 채우게 하십시다. 더 이상 미루지 말고요. 미루기에는 인생은 너무 짧기 때문입니다.

계절마다
그 도래를 알리는 꽃이 있듯이

당신의 임재가 거하는 곳에 나리는
햇빛 조각 사이로

힘차게 나는 새처럼
피어나는 꽃이 있습니다

그 꽃은
마주잡은 손 사이로 흩날리는
사랑의 표현을 먹고 피어납니다

그대의 눈동자 속에
내 미소가
내 눈동자 속에
그리운 당신이 머무를 때면

조바심은 사라지고

우리의 사랑은
성령의 입김을 타고
마음 구석구석,
사랑의 꽃을 피워냅니다
인간들의 사랑은
꺾어진 꽃들의
인위적인 모음이라지만

주님과 나,
서로를 그리워하는
당신에게 드리는 꽃다발은

마주보며 속삭이던 그 한마디,

그 사랑 한모금 한모금입니다
인생의 모퉁이에서 망설이며
상처받는 그대여!

한아름 가득한 이 꽃다발은
당신을 향한 주님의 이야기꽃입니다

당신의 미소를 그분께 드리세요

아이들의 입김을 타고
하늘을 날아가는 비눗방울처럼

당신의 사랑,
당신의 아멘을 그분께로..

인생의 이야기꽃을 그분의 가슴에
가득 안겨드리기를 소망하고 축복합니다

43. 눈물의 케이크

제게 가장 괴로운 순간이 언제냐고 묻는다면, 성도들이 시험과 고난의 때를 지나갈 때라고 말할 것입니다. 일기예보를 통해 주어지는 날씨는 모든 사람에게 동일하지만, 각 사람의 인생 속에 찾아오는 날씨는 다 다르고, 하나님의 말씀이라는 은혜의 예보를 신뢰하기에 그 날씨의 흐림은 너무 괴롭기 때문입니다.

"내가 이렇게 믿음생활을 열심히 하고, 하나님을 섬겼는데, 왜 하나님은 내 삶에 이런 슬픔을 주신 것일까?"라고 고민하는 성도들이 많이 있습니다. 그러나 하나님은 사랑의 하나님이십니다.

사랑의 하나님이시라는 것은, 그 사랑의 하나님이 우리의 아버지가 되셔서, 자녀된 우리가 주의 섭리 안에서 믿음 안에 성장하고, 강건해지기를 바라신다는 뜻입니다. 말씀이 말해주는 인생의 날씨와 내 현실은 다를 수 있습니다. 그러나 중요한 진리는 지금 내게 다가온 현실이 끝이 아니라는 것입니다.

우리 인생의 결과는 오직 주님만이 아시고, 주님만이 우리 매일매일의 조각들을 합력하여 선으로 바꾸시는 능력을 가지고 계십니다. 요셉을 보디발의 집에 보내시고, 감옥에 보내셨지만, 애굽의 총리로 바꾸신 하나님! 그리스도인들을 핍박하며, 죽이던 사울을 복음의 횃불, 바울로 바꾸신 하나님! 연약한 육체를 입으셨으나, 우리의 눈물을 닦으시고, 십자가 위에서 죽음을 구원과 축복으로 바꾸신 주님께서는 힘든 인생을 살아가는 우리의 삶에 기적을 준비하고 계십니다. 그리고 주님의 때에 그 모든 은혜로 인하여 축하의 케이크를 준비하고 계심을 믿으십시오. 그러므로 힘들더라도, 믿음이 약해지지 말고, 오늘 우리의 하루를 붙드시고, 선으로 인도하시는 하나님을 신뢰합시다. 그럴 때, 우리의 매일이 주님으로 인하여 기쁜 축하의 생일이 될 것입니다.

때로는 흘러가는 인생이
야속할 때가 있습니다

젊은 시절,
그토록 고생하고
눈물 흘리던 자취들은
여전히 그대로인데
세월은 야속하게도
내 얼굴에 그 흔적을 남기고
떠나갔기 때문일 것입니다

그럴 때마다
나는 조용히 추억의 화원에 앉아

먼지 머금은 앨범을 털어내고

그리움 한 장
빛바랜 여운 한 장씩 넘겨가며

생각 속에 찾아온
순간들을 보며 미소 지어 봅니다

"나의 사랑 나의 어여쁜 자여,
 평안할지어다!"

어느샌가 그분은
내 옆에 앉으십니다

기억 속에는 오늘이지만
오늘은 아닌

내 손으로 잡을 수 없는
그 눈물 머금은 기억들을
한 장 한 장 펼치십니다

수천 조각으로 나뉘어진
퍼즐을 맞추듯이
인생의 조각들을

따스한 미소로
애잔한 눈빛으로 바라보시며

마음속 품으셨던
그 풍경을 만들어 가십니다

물을 포도주로
오병이어를 감사의 웃음보로
바꾸신 그 손길이

주름진 영혼의 이마에
기쁨의 미소를 한아름 선물하십니다

당신의 섭리는
내 눈물의 케이크
그 아름다운 손길을 기념하며
감사의 촛불을 꺼봅니다

이 순간 영원히
기억되도록..

44. 한 모금의 시

저는 사역을 마치고, 집에 들어와서는 작은 테이블에 앉아 차를 마시기를 즐깁니다. 작은 테이블에 꽃무늬가 그려진 찻잔이 놓이고, 오랫동안 묵혀놓았던 찻잎을 준비하면, 저는 한 잔은 주님을 위해서, 또 한잔은 저를 위해서 뜨거운 물을 부어봅니다. 말라있던 차 잎사귀에 물이 닿을 때, 그 찻잎은 숨겨두었던 자신의 향기를 모두 쏟아내고, 찻잔을 타고 오르는 수증기 속에서 저는 향기가 내어미는 휴식의 손을 붙들어 봅니다. 육신의 눈에 보이지 않아도, 주님도 참 기뻐하시는 것 같습니다.

주님과 저, 육신의 입으로는 아무 말 없지만, 우리는 서로 마음을 나눕니다. 그리고 주님의 손에 내 인생의 짐을 드리고, 주님은 내 손에 평강의 보석을 쥐어 주십니다.

사랑하는 이여!

주님은 우리도 주님 안에서 이런 안식을 누리기를 원하고 계십니다. 한모금의 차가, 마음을 위로하듯, 주님은 오늘 저의 입술을 통해서 들려지는 주님의 음성을 통해 사랑하는 이를 위로하시고, 새 힘을 불어넣어 주시기를 원하고 계십니다. 오늘 들려지는 이 시가, 그 누군가에게는 스쳐가는 바람처럼 잊혀질 뿐이지만, 저는 오늘 사랑하는 이가 이 한 모금의 시를 통하여 예수님을 만나고,

예수님을 경험하고, 예수님을 알아가게 되시기를 축복합니다.

성경 속에 나오는 기적을 베푸시는 예수님으로만 알기에, 주님의 향기는 너무나 독특하고, 주님의 사랑은 맛볼수록 새롭습니다. 오늘 이 은혜의 향기가, 우리의 마음에도 전해져서, 잠시 일상을 내려놓고, 주님을 만나기를 축복합니다. 지금 우리의 마음속 테이블에 주님이 앉아 계십니다. 한 잔의 여유, 한잔의 은혜, 충만한 축복이 가득하기를 바랍니다.

내 마음은 찻잔
내 인생은 말라버린 잎사귀

구원의 풀잎이 가득한 저 언덕에 올라
나를 사랑하시는
당신의 눈물을 부으면

오늘의 나는
그 사랑을 머금어
그리운 향기가 납니다

한 모금 마실 때마다
은혜의 파도는 소리 없이
내 마음에 밀려와서는

상처와 실패
후회와 염려의 흔적들을 씻어내 갑니다

일상에 너무 바빠
매번 엇갈리기만 했던 당신이었지만

이제 우리는
크로노스의 시간을 멈추고

마음의 찻잔을 타고 오르는
인생의 향기를 흠향해 봅니다

한 모금의 시,
그것은 향기입니다

그것은 만남입니다
그것은 서로를 알아감입니다

그분과 함께
이 작은 테이블에서
한 모금의 은혜를 맛보는 것은

내 마음,
보이지 않는 구석까지

예수의 충만으로 채우시겠다는 확신입니다

서로를 마주보고 있다는 것은
오늘 나의 한마디 한마디가
마음에 새겨진 바 되고
독백이 되지 않을 것이라는 약속입니다

내 마음은 찻잔
내 인생은 말라버린 잎사귀
오늘도 부어질
당신의 사랑이 그립습니다

45. 돌아가는 길

세상에서 방황하며 고통받다가 다시 아버지 하나님께 돌아가는 사람의 모습을 상상합니다. 모든 사람은 꿈과 희망이 있습니다. 자기만의 목적을 가지고 살아갑니다. 그러나 때때로, 그 목적 가운데서 크신 하나님에게서 시선을 놓칩니다. 하나님은 작아 보이고, 나는 커 보입니다. 그러나 세상의 물결 속에서, 모든 것을 잃고, 다 허무하다는 것을 깨달을 때, 우리는 비로소, 나는 먼지 같은 존재임을 하나님은 그 무엇보다 크신 사랑이심을 깨닫습니다.

하나님 보시기에 가장 아름다운 사람은 하나님께로 돌아오는 발걸음을 내딛는 사람입니다. 오늘 후회로 점철된 삶의 자리를 떠나 하나님께 돌아갑시다. 그리고 그분의 사랑 안에 안깁시다. 그럴 때, 주님이 우리를 안아주시고, 입 맞춰 주시며, 주님의 자녀로, 존귀한 자로 회복시켜 주실 줄 믿습니다. 탕자가 아버지께 돌아왔을 때, 잃어버린 모든 존귀함과 자녀의 권세가 회복되었듯이, 오늘 주님께 돌아오는 모든 사람들을 주님은 뛰어가서 안아주시고, 죄와 사망의 옷을 벗기시고, 구원의 즐거움을 회복시켜 주십니다. 그리고 세상의 쥐엄열매로 만족하던 우리에게 은혜의 상을 차려 주시고, 내 영과 육이 만족하게 하실 것을 믿읍시다.

세상이 말하는 성공의 길은 넓어 보입니다. 그러나 그 결과는 사망이요, 실패요, 눈물입니다. 그러나 주님께 돌아가는 길은 좁고, 광야처럼 힘들어도, 그 결과는 참된 평안과 안식이 있습니다. 오늘 우리의 발걸음이 세상이 아니라, 주님께 돌이키는 아름다운 결단이 있으시기를 축원합니다.

무더운 어느 날,
뜨거운 태양의 심술궂은 숨결이
밤의 이마에 땀방울로 맺히던 정적의 순간..

아무도 없는 인생의 정류장에
내가 서 있습니다

오래전 내가 이곳에 서 있을 때
내 모습은 어린아이의 보조개

새벽 푸른 잎 위의 이슬
농부의 찌푸림을 지우는 여름비
신랑의 손길 안에 수줍은 미소 같았습니다

하지만 이 희망의 정류장 앞에
서 있는 나는

시간의 흐름 속에 바래고 지워진 낙서처럼
남루하고, 피곤하며,
후회의 강물이
마음 절벽을 흘러내리고 있습니다

그 길이 아니라 소리쳤던 그는
그토록 작아보였고
허영의 안경을 쓴 나는
높은 산처럼 보였습니다

이제야 눈을 들어보니
그 소리는 우주보다 큰 사랑,

나는 겨자씨의 부분도 가리지 못하는
먼지임을..
이제서야 깨닫습니다

자리에서 일어나
저 멀리 희미하게 보이는 빛으로
나아갑니다

그 어떤 가능성도
알 수 없지만...

그 언젠가 내 손을 잡았던 그 따스함을
기억하고 추억하며...
그 온기를 벗 삼아 발을 내딛습니다

나의 귀로가
어떤 결과로 그려질지는 알 수 없습니다

그러나 분명한 사실은
그 소리는 평안이요, 그 손길은 사랑이고
그 품은 내 영혼의 소망임을 믿기에..

오늘도 나는 돌아갑니다

같이 갑시다..

46. 밤의 목소리

사람들은 낮과 밤에 대한 이미지를 떠올릴 때, 낮은 생명이 충만하고, 활동이 있으며, 밝은 것을 떠올리고, 밤은 조용하고, 잠들어 있으며, 시험과 고난과 같은 어두운 것을 떠올리는 경향이 있습니다. 그러나 하나님께서 태초에 낮과 밤을 만드실 때, 주님은 낮뿐 만이 아니라, 밤을 보시면서도 보시기에 좋았더라 라고 기뻐하셨습니다.

사실, 우리 인생에 다가오는 밤은 낮 동안에 뜨거워진 우리 마음, 다시 말해, 교만하고, 염려가 가득하며, 불신이 가득한 우리 마음을 식혀줍니다. 오히려 우리 인생 속의 밤은 하나님을 만나기에 더없이 좋은 시간이 됨을 믿으시기 바랍니다. 형 에서를 피해 삼촌에게로 도망가던 야곱은 인생의 밤에 하나님의 사다리를 보았고, 아브라함도 인생의 밤에 축복의 약속을 받았으며, 우리 주 예수 그리스도께서도, 겟세마네 동산에서 늦은 밤 기도하심을 통해, 십자가의 고난을 이겨낼 힘과 하나님이 주시는 위로로 충만히 채움 받으셨습니다.

세상의 삶으로 인해 지친 당신이여! 삶 속에 다가온 고난으로 인하여 주저앉아있는 이여! 오늘 고개를 들어 은혜의 하늘에 떠 있는 은혜의 별을 바라봅시다. 인생의 더위를 식혀 주시기 위하여 위로의 바람을 불어주시는 하나님을 믿음으로 바라봅시다. 그럴 때, 주님께서 우리 마음의 더위를 성령의 생수로 식혀주시고, 이제 이 밤이 지나 축복의 새벽이 밝아올 것이라는 확신으로 채워주실 줄 믿습니다.

　세상의 삶이 비록 힘들고 고단하며 눈물이 난다 할지라도, 주님께서 우리를 등 뒤에서 안아주시고 위로하시며, 낮이나 밤이나, 언제나 우리를 지키실 것을 믿기 바랍니다. 주님이 함께 하시는 인생의 밤은 참 아름답습니다. 우리 함께 바라봅시다.

사랑하는 두 사람이
한 순간도 힘을 늦추지 않고
사랑으로 손등을 감싸듯이

사랑으로 무릎 꿇어
면사포 수줍은 미소 지은 신부를
바라보는 것처럼

빛나는 보석처럼
아름다운 밤의 목소리를 듣는 것은
참 행복한 일이 아닐 수 없습니다

모두가 잠든 이 밤,
말없이, 그러나 섬세한 손길은
낮의 흔적들을 씻어내고

열사의 태양 아래서
홀로 걷는 그 마음 춥지 말라고

따스한 노을 머금은
구름을 덮어줍니다

나뭇가지 위의 귀뚜라미,
어린아이 작은 고사리 손 같은
잎사귀

탐스럽게 익은 바나나처럼
하늘 가지 위에 걸려있는 저 달은

그분이 여기 계시다고
듣고 계시다고
붙들어 주신다고

말하고 말하며
또 말해주고 있습니다

당신 마음에 찾아온 이 밤,

인생의 침전물을 바라보며
슬퍼하며 주저앉아 있기에는
찬란하게 아름답습니다

하늘의 오케스트라에서
울려 퍼지는 음악을 듣고

낮의 추위로 덜덜 떨며
움츠리는 어린아이를 감싸시는
그분의 음성에 귀를 기울여 보세요
그 따스함 조용히 남아
흐뭇하게 미소 짓고 있습니다

47. 우유부단

최근 우리에게 들려오는 뉴스들을 보면, 기쁜 뉴스보다는 눈살을 찌푸리게 하고, 마음을 슬프게 하는 뉴스뿐입니다. 그러나 저의 마음을 더욱 아프게 하는 것은 예수 그리스도를 믿는 성도들이, 순간의 유혹을 이기지 못하여 죄의 자리에 빠져들고, 그 죄의 모습들이 세상에 드러나 조롱 받을 때입니다. 교회에서는 그토록 좋은 성도, 인정받는 사람인데도, 세상에 나와서는 또 다른 삶의 가면을 쓰고, 죄의 습관을 가진 채 이중적인 생활을 한다는 것입니다.

그러나 하나님은 당신께서 거룩하시듯이, 오늘 우리도 주님 앞에서 거룩한 삶을 살기를 원하십니다. 그러기 위해서는 오늘 우리는 말씀의 반석 위에 굳건하게 서서, 에덴동산에서 하와를 유혹했던 그 죄의 유혹자를 거절하는 결단이 있어야 합니다. 죄는 달콤한 초콜릿 맛이 납니다. 순간은 달지만, 죄가 우리 내면에 들어갈 때는 쓴 쑥처럼 바뀌어 우리 믿음과 마음을 굳어지게 만듭니다. 때문에 오늘 우리는 성령님께 우리 삶의 주도권을 내어드리고, 성령의 지혜로 모든 죄의 유혹을 향해 거절의 손을 내어 밀고, 그 죄의 자리를 떠나는 결단이 있어야 합니다.

믿음생활에 중간지대는 없습니다. 어제는 믿음으로 살다가, 오늘은 불신으로 살고, 또 내일은 믿음으로 사는 우유부단한 생활 방식은 하나님이 전혀 기뻐하지 않으십니다. 때문에 예수님께서는 주기도문을 통하여 "시험에 들게 마시옵고 다만 악에서 구원하여 주시옵소서"라고 기도하게 하신 것입니다.

사랑하는 이여!
자신을 너무 믿지 맙시다! 우리는 연약합니다. 주님의 도우심이 없이는 살아갈 수 없는 존재임을 인정하십시오. 그리고 우유부단한 신앙생활이 아니라, 십자가 앞에 서서, 모든 얽매이기 쉬운 죄의 올무를 벗고, 주님 안에서, 진리 안에서 참 자유를 경험하게 되기를 주님의 이름으로 축원합니다.

한때는 이곳이 정말 편했습니다
따스한 커피처럼
마음을 녹여주기도 했고

찰나의 즐거움으로
일상의 괴로움을 잊게 해주었습니다

그러나 어느샌가 나는
철창 없는 이 감옥에 홀로 앉아
굳게 자물쇠를 잠그고는

열쇠를 저 멀리 던져버린 채
웅크려 흐느끼는 아이가 돼 버렸습니다

한때 나도 믿음이란 것이 있었지만
현실과 영원을 분별하는
그 미묘한 감각을 가지고 있었지만

그 믿음은 내일로 미루고
오늘의 의심을 붙들고 있습니다

죄는 부드럽게 찾아옵니다
그러나 그 힘은 삼손과 같습니다

'되돌아가면 되지!' 라고
편안히 생각하기에는
그 절벽은 너무나 튼튼합니다

'다만 악에서 구하옵소서!'
이 짧은 고백 속에

한 영혼을 둘러싼
모든 이질감을 대항하는
구원의 역사가 있습니다

비록 보이는 세상에서
보이지 않는 그분을 믿는 것이
마뜩지 않아도

그 누구도 구속하지 않고
평강으로 감싸 안는 그 은혜의 바다에
전 존재를 담아보세요

상쾌한 여름의 미풍처럼
그리운 예수의 노래가
당신의 마음속에
메아리치게 될 것입니다

48. 헤아리다

요즘 TV 프로그램을 보면, 과거 우리나라 가요계의 큰 획을 그었던 전설같은 가수들의 노래를, 오늘날의 후배 가수들이 재해석하여 노래하는 프로그램이 있습니다. 선배 가수는, 자기 자신의 노래를 후배가 정말 아름답게 해석해서 부르는 모습을 보며, 감격하고, 박수치며, 때로는 눈물을 흘리기도 합니다. 이것은 후배가수가 자신의 노래를 잘 불러주었기 때문이기도 하지만, 무엇보다, 선배가수의 마음을 알아주고, 헤아려주었기 때문일 것입니다. 이처럼, 주님께서도, 자녀된 우리가 주님의 마음을 알아주기를 기뻐하십니다. 우리의 매일매일 속에서 하나님의 말씀을 묵상하고, 쉬지 말고 기도하며, 하나님 아버지 그분 만으로 기뻐하는 삶의 모습을 보며, 감격하시고, 은혜받으십니다.

만약, 우리가 주님의 사랑을 노래하는 가수라면, 매일매일 우리는 어떤 노래를 부르고 있을까요?

다윗과 같이, 감옥 속에 바울과 실라와 같이 주님을 향해 감사와 찬양의 노래를 부르고 있습니까? 우리가 드리는 물질, 헌신, 예배, 이 모든 것은 하나님께 기쁨이 되지만, 그 무엇보다, 하나님은 우리가 영과 진리로 그분과 교제하며 하나님의 마음을 아는 자가 되기를 원하십니다. 뜻이 하늘에서 이루어진 것 같이 땅에서도 이루어지길 바라며, 사무엘처럼, 항상 주님의 부르심에 아멘으로 달려가는 사람이 되기를 원하고 계십니다. 광야 위의 이스라엘 백성처럼 원망하고 불평하는 자가 아니라, 주님이 우리를 사랑하시며, 확실한 가능성으로 우리를 축복의 길로 인도하시는 하나님께 찬양하는 사람이 되기를 원하고 계십니다.

사랑하는 이여!

그러므로, 오늘 이 하루만큼은 우리가 아니라, 하나님의 마음을 알고, 하나님의 심정으로 살아봅시다. 그리고 이 작은 하루, 하루가 쌓여, 우리의 만족과 유익이 아니라, 하나님의 마음을 기쁘게 하는 삶을 살아가시기를 축복합니다. 그럴 때, 주님께서 그 넘치는 사랑의 헤아림에 기뻐하시고, 감격하시며, 우리의 삶에 언제나 임마누엘로 함께 하실 줄 믿습니다.

무대가 끝나고
마지막 한 음을 내뱉는
그 떨리는 숨결이 마치고 나면

우레와 같은 박수소리,
눈물 훔치며 미소 짓는 사람들은
내 마음을 헤아려주었음에 감사합니다

저 높고 높은 빌딩 숲 사이로
얼굴을 붉힌 십자가는
저 하늘 아버지의 마음을 헤아리며 박수치는데
해 아래 거하는 우리는
왜 그리도 냉철한지
두근거리는 심장만이
그들이 살아있음을 말해줄 뿐입니다

잊으신 것도 아니고
무시하는 것도 아닙니다

당신의 냄새를 아시고
다정하게 그리워하며
머리카락 한 올 한 올을 헤아리며

달콤한 전망이나 행운이 아니라
확신의 가능성을 바라보며
사랑하십니다

그러니 오늘
세상의 편견을 벗어버리고
나를 사랑으로 헤아리시는
그 주님의 마음을 헤아려보세요

단 한마디라도 좋으니
마음을 그분께 드려보세요

글씨가 아름답지 못하고
다시 고쳐 써도 좋으니

당신을 잠잠히 사랑하시며
노래하시는 그분께
공감의 박수, 사랑의 박수를 올려드리세요

우레와 같은 박수소리,
눈물 훔치며 미소 지으시는 주님은
마음을 헤아려주었음에 기뻐하십니다

49. 일방통행

저는 많은 사람들을 만나, 그들의 삶의 이야기를 듣고, 또 시험과 고난 속에서 눈물을 봅니다. 그런데 때로는 저에게 "하나님이 살아계십니까? 하나님이 살아계시는데, 어떻게 내 삶에 이렇게 하실 수 있습니까?"라고 말하며 분노를 쏟아내는 분도 있었습니다. 아니 많습니다. 모두가 자기의 소원을 놓고, 기도하고 부르짖고 있지만, 의외로 많은 성도들이 주님의 음성에는 귀를 기울이지 않습니다. 우리의 목소리가 너무 크고, 우리의 바람이 너무 크다보니, 우리의 생각에 좋은 기도를 하나님께 드리고, 빨리 응답이 오기를 기다리는 것입니다.

사랑하는 이여!
아십니까?
주님은 우리가 기도하는 것도 좋고, 우리 바람과 소원과 문제를 솔직하게 아뢰기를 기뻐하시지만, 그 무엇보다, 우리가 주님 안에, 주님이 우리 안에 거하며, 주님과 인격적인 교제를 나누기를 기다리고, 기다리며 기다리고 계십니다.

야구를 보면, 감독이 선수에게 지시를 할 때, 손과 팔을 이용해서 수많은 수신호를 보냅니다. 그러나 그중에 진짜 하고 싶은 지시는 단 한 개라고 합니다. 그래서 선수는 그 한 개의 지시를 알기 위해서, 감독의 손짓 하나 하나에 집중합니다. 그 지시를 순종할 때, 경기에서 승리할 수 있기 때문일 것입니다.

사랑하는 이여!

기도는 쉬지 말고 해야 합니다. 그러나 오늘 우리는 내 목소리의 볼륨을 줄여놓고, 주님이 우리 마음에 뭐라고 말씀하시는지 믿음의 볼륨을 높여야 합니다. 우리 기도의 손짓을 주님께 올려드리기 전에, 먼저 주님이 우리 삶에 어떤 뜻과 목적과 계획을 가지고 계시는지, 주님의 손가락을 바라봐야 함을 믿으시기 바랍니다.

이 시간 겸손히 가슴에 손을 얹고, 이렇게 고백해 봅시다.

"여호와여 말씀 하옵소서 주의 종이 듣겠나이다 내가 순종하겠나이다! 주의 뜻대로 내게 이루어지리이다" 아멘! 아멘! 아멘!

살아계셔서 우리의 삶에 복주시는
아버지 하나님, 은혜와 사랑에 감사합니다

지난 밤 잘 재워주시고
오늘 새 아침을 주시고
일용할 양식을 공급해 주셔서 감사합니다

주님! 우리 가정에 복을 주시고
남편과 아내, 자녀들의 삶에
은혜의 대로를 열어주옵소서!

내가 하는 모든 사업과 계획이
합력하여 선이 되게 하시고

아브라함의 복
이삭의 복, 야곱과 요셉에게 주셨던
형통의 복을 부어 주시옵소서!

교회에서 직분을 주시사
섬기게 하시고,
부흥의 불씨로 사용해 주시옵소서

좋은 사람을 만나게 하시고
시험과 고난의 골짜기에서
나를 보호하여 주시옵소서

영과 육의 강건함을 주시고
삶의 가루통과 기름통에
축복이 마르지 않도록
언제나 함께 하여 주시옵소서

오늘 내가 드리는 이 기도가
주님의 손에 올려지는 오병이어가 되어
30배, 60배, 100배로 열매 맺게 하시고

야베스처럼
내게 복에 복을 부어주시사
삶의 지경을 넓혀주시옵소서

부디 이 기도가 하나님의 보좌 앞에
다 상달되게 하시고
성령의 충만으로 언제나 함께 하여 주시옵소서

이 모든 말씀
예수 그리스도 이름으로 기도합니다. 아멘

"그래 너 마음은 알겠는데..
 내 아들아.. 내 딸아..
 너는 왜 내 말에는 관심이 없느냐?"

내가 바로 너의 앞에 있는데..

50. 시상소감

제가 시인으로 삶을 시작한 이후, 하나님께서는 많은 이들에게 이 시가 들려지게 하시고, 또 감사하게도 시인으로써는 최고의 영예인 문학대상을 받게 하셨습니다. 이 모든 것이 하나님의 은혜인줄 믿습니다. 상을 받으면서, 저는 정말 기뻤지만, 또 마음속으로 "하나님께서 상을 저에게 주실 때 얼마나 기뻐하셨을까?"라는 생각이 들었습니다. 그러면서, 십자가 위에서 피 흘리심으로 죄와 사망에서 우리를 구원하신 예수님의 마음을 생각하게 되었습니다. 죄인에서 자녀로 변화 받은 우리를 향하여 주님은 구원의 상을 들고 시상대에 서 계십니다. 그리고 시를 받는 내가 아니라, 구원의 상을 주시는 예수님이 너무나 기쁘고 감격이 되어서 그 감격을 고백하시는 주님의 모습이 떠올랐습니다.

사랑하는 이여!

우리가 예수를 구주로 영접하고, 하나님의 자녀가 되었다는 이 사실이 예수님께 얼마나 큰 기쁨이 되는지를 알고 있는지요? 주님은 우리가 구원받았다는 사실에 눈물 나도록 감격하십니다. 뿐만 아니라, 매일의 우리 삶 속에 하나님의 은혜와 성령의 충만이 항상 함께 하시기를 오늘도 기도하고 계십니다.

우리를 지금까지 괴롭히고, 염려를 주던 사단의 세력은 이미 무너졌으니, 오늘도 하나님의 말씀을 묵상하고, 주님께 감사함으로, 은혜의 만나를 맛보라고 말씀하고 계십니다.

사랑하는 이여!

오늘 이 구원의 상, 자녀의 상은 우리의 것입니다. 오늘 이 상을 기쁘게 받고, 소중한 것을 말하듯이 우리의 감사와 찬양을 주님께 올려드립시다. 우리의 매일의 풍경을 주님의 은혜로 다시 새롭게 채색하고, 성령의 충만으로, 우리의 마음의 공백을 채웁시다. 그럴 때, 우리의 삶의 조각들이 하나님의 사랑으로 미소 짓는 아름다운 기념사진이 될 줄 믿습니다.

마음속으로만 그려모았던 당신이
내 앞에 서 있으니
가슴이 벅차오릅니다

오늘 이 시간 이 자리에 서기까지
수많은 이야기들이
내 마음속에서 일어서려 하고 있지만

잠시 동안
이 마음의 볼륨을 줄여놓고
담담히 소감을 고백해 보려고 합니다

한 마리 나비처럼
생명으로 날개치는 당신의 영혼이
사무치게 아름다워서
이 한 몸 저 사망의 나무에
못 박아
당신의 영혼이
생명의 꽃밭에서 춤출 수 있도록
할 수 있어 행복합니다

영원한 사랑이신 아버지,
깨지기 쉬운 마음을
권능으로 붙드시는 영께 감사드리며

일그러진 달과 같은
저들의 영혼을 빛으로 바꾸신
그 전능하신 사랑에 감사드립니다

하늘을 종이 삼고
바다를 먹물 삼아도
이 감격을 다 표현할 수 없지만
부디 이 상을 받는
이 자유한 영혼을 잊지 말아주시고
사랑하시되

연초부터 연말까지
끝까지 사랑해 주시기 바랍니다

저 악한 사단은
이미 모든 것을 잃어버렸으니
순간순간 다가오는 어두움에
가슴을 쓸어내리지 말고

매일 이슬처럼 마음에 뿌려주시는
은혜의 만나를 맛보고
감사의 악상을 떠올려
아버지께 사랑의 노래를 불러주세요

나의 은혜와
아버지의 사랑과
성령 충만으로

당신에게 이 상을
기쁘게 드립니다

51. 착각

자녀를 키울 때, 부모가 제일 속상할 때가 언제냐고 묻는다면, 저는 부모의 마음을 자녀가 몰라줄 때인 것 같습니다. 자녀가 잘못할 때 따끔하게 훈육하고, 때로는 더 좋은 것을 주고 싶어서 기다리게도 하고, 때로는 무관심 한 것처럼 보일 때가 있지만, 그런 모습을 보면서 "엄마는 아빠는 나를 사랑하지 않는다"라고 말할 때, 부모는 마음으로 웁니다.

이처럼 하나님께서는 우리를 사랑하시되, 한결같이 사랑하십니다. 가장 좋은 것을 주길 원하시며, 주님의 은혜 안에서 내가 성장하고 강건하며, 잘 되기를 바라십니다. 우리의 기도와 간구를 성장시키시려고, 인내와 눈물로 기도하게 하시고, 우리 마음속에 축복의 진주가 자라나도록, 연단의 모래를 우리 영혼 속에 집어넣으실 때도 있습니다.

그러나 세상은, 세상에 속한 악한 영들은 이런 하나님을 신뢰하지 못하게 합니다. 주님의 선하신 섭리가, 주님의 사랑이 나를 미워하시기 때문이라고 착각하게 만듭니다. 그래서 하나님의 음성보다 사람의 음성에 귀 기울이게 하고, 목자되신 주님의 지팡이가 아니라, 내 욕심과 만족의 불속에서 나타난 금송아지를 바라보게 만듭니다.

사랑하는이여!

만약 우리가 하나님 아버지를 신뢰하지 못하고 있다면, 그것은 하나님이 잘못된 것이 아닙니다. 바로 우리가 오해하고 있는 것이며, 착각의 먼지가 우리의 생각 속에 가득 차 있기 때문임을 기억합시다.

우리를 사랑하시사, 독생자를 보내신 하나님!

그 독생자를 십자가에 못 박으시기까지 우리를 사랑하신 하나님께서, 어떻게 우리에게 좋은 것을 주시지 않겠습니까? 그러므로, 오늘 우리의 생각과 마음과 전 존재 속에, 임마누엘로 찾아오시는 주님을 환영합시다.

그리고 주님께서 내 모든 착각들을 보혈로 씻어주시고, 진리의 말씀과 성령의 생수, 하늘의 평강으로 채워주시기를 간구합시다. 그럴 때, "진리가 너희를 자유케 하리라!", "모든 것이 합력하여 선을 이루리라"는 말씀이 우리의 삶에 경험되고, 실제로 이루어지는 역사가 나타날 줄 믿습니다.

모든 것이 진짜인 것처럼 보여도
이 세상은 하와의 눈과 같아서

영원에서 비춰오는 신비를
보여주지 못합니다

굴절되고 빗나가고 상실된 채
전부라고 착각하게 만드는 것이
바로 이 세상입니다

여름의 입김이
나그네의 옷을 벗기듯이

진리는 오늘도
안타까운 사무침으로
착각의 옷을 벗기려 찾아옵니다

그 누구도 바꿔 쓸 수 없는
과거의 일기장을 펴서

눈물짓고, 실패감에 넘어진
한 영혼의 이야기를
기쁨과 환희의 드라마로

시계의 초침이 할퀴고 지나간 마음을
푸른 초장이 손짓하는
대지의 광경으로 바꿔줍니다

창문가에 쌓인 먼지를 털어내듯
오늘 나의 감각 속에 쌓여있는

당신을 향한 착각의 조각들을 쓸어내고
사랑하는 아가를 바라보는
엄마처럼

마음을 쓰다듬으며 입맞춤을 느끼는 것이
오늘 당신의 감각, 회복된 실제
붙드는 현실이 되게 하십시오

진리가 너희를 자유케 하리라는 말씀이
실제로 보이고
들리고 경험될 것입니다

52. 거룩한 기쁨

언젠가 TV에서 피아노 연주회를 본 적이 있습니다. 한쪽 팔이 없는 여동생을 위해서, 친오빠가 옆에 앉아, 함께 곡을 연주하는 모습을 보았습니다. 오빠는 왼손, 여동생은 오른손으로 연주하는데, 전혀 틀리지 않고 완전한 하모니를 이루어 모든 관객들을 감동케 하고, 큰 함성과 박수 소리가 극장에 울려 퍼졌습니다. 그러나 저의 눈에 가장 감동적인 장면은 두 남매가 서로의 어깨를 기대고, 사랑스럽고, 신뢰 넘치는 눈으로 서로를 바라보며 미소 짓는 모습이었습니다.

이 두 남매가 하나 되어 연주하듯이, 오늘을 살아가는 사람들은 각자 인생의 무대에서, 매일의 삶과 생각, 행동, 경험들이라는 음표로 그려진 자기만의 노래를 연주하고 있습니다. 물론 각자의 인생이 담겨 있기에 그 음악소리는 그 어떤 세상의 노래보다 아름답고 독특하지만, 인생의 주인이시요, 우리를 사랑하시는 예수님의 귀에, 그 인생의 노래는 때로는 너무 슬프고, 이해가 되지 않으며, 그 어떤 감동도 느껴지지 않을 때가 있습니다. 슬픔의 음표가 너무 많기 때문이고, 연주하는 영혼의 손도, 두려움과 염려로 너무 많이 떨리기 때문일 것입니다.

그래서 오늘 예수님은 오늘 우리 옆에 앉으십니다. 태초에 말씀으로 모든 혼돈 속에 질서와 생명을 창조하신 그 손가락으로 우리의 영혼 속 인생의 악보를 평강과 축복의 음표로 바꿔주십니다. 예수님과 내가 행복으로 춤출 수 있는 다윗의 리듬으로 바꿔주십니다. 무엇보다 주님은 우리의 연약한 손을 붙드시고, 한 손은 주님의 손, 한 손은 우리의 손으로 평강의 노래를 연주하십니다. 이 세상 그 어떤 사람도 이 음악에 귀 기울이지 않지만, 하나님이 들으시고, 천사들이 들으며, 주님이 인정하신 모든 믿음의 사람들의 귀에 아름다운 하모니로 울려퍼질 것입니다.

사랑하는 이여!

오늘 이 하루! 주님과 함께 은혜로운 연주를 해보지 않으시겠습니까? 오늘 지친 어깨를 내려뜨리고, 또 다른 인생의 노래를 연주하는 우리 옆에 평강으로 찾아오신 예수님이 우리를 향해 미소 짓고 계십니다. 주님과 함께 연주하는 인생의 노래.. 오늘 그 아름다운 소리가 듣고 싶습니다.

모두의 마음속에는 아무것도 그려지지 않은
영혼의 악보가 있어서
매일의 표정, 손짓, 행동, 미소, 눈물, 분노…
순간의 음표로 삶을 그리고 노래하고 있습니다

마치 커다란 공연장에 핀 조명을 받으며 서 있는
한 가수를 주목하는 관객들처럼
임마누엘 예수,
당신은 오늘도 한 영혼의 노래에 귀 기울이십니다

노래가 끝나고 모두가 뒤돌아선 순간에도
당신은 조용히 일어서서
마음을 담아 박수를 보내십니다

세상의 소리가 사라진 마음의 무대 위
주님과 나는 영혼의 피아노에 앉아
보혈로 지우고 음표를 바꾸고
평강의 리듬을 그려 넣어 주십니다

나는 왼손
못 자국 난 주님의 오른손
서로의 어깨에 기대어
연주하는 이 노래를 들어보지 않으실래요?
그 누구도 알아주지 않고
귀 기울이지 않아도 저 하늘에 명료하게 들리는 이 노래..

그것은 거룩한 기쁨입니다

53. 흔적

2011년 일본에서 대지진이 있었을 때, 극적으로 생존한 한 일본인의 이야기를 들은 적이 있습니다. "살아있을 때는 각자 이름으로 불렸는데, 죽고 보니, 이름도 잊혀지고, 사망자 몇 만 명 중에 하나로 기억되는 것이 슬펐습니다"라고 말하는 것을 듣고, 저는 인생에 대해서 다시 생각해 보게 되었습니다. 이 세상에서 아무리 인정받고, 물질이 많고, 부귀영화를 누려도, 이름을 떨쳐도, 그것은 죽음 앞에서 모두 허무한 먼지가 되고 만다는 것입니다.

그런데 이러한 죽음은 우리 마음과 정신의 영역에서도 동일하게 일어남을 아는지요? 과거의 상처, 과거의 영광, 과거에 누렸던 축복들은 흘러간 강물처럼 우리를 떠나갔음에도, 많은 사람들이 오늘이라는 현재, 내일이라는 미래를 바라보지 못하고, 지나간 과거의 흔적들을 바라보며 슬픔과 낙심 가운데 살아가고 있다는 것입니다.

사랑하는 이여!

주님은 우리에게 과거의 흔적을 바라보라고 구원하시고 자녀 삼으신 것이 아님을 아는지요? 주님은 오늘 우리가 저 골고다 언덕에 겸손히 못 박히신 예수 그리스도, 그분의 흔적을 바라보기를 원하고 계십니다. 광야의 불뱀에 물려 고통받던 사람들이 놋뱀을 바라볼 때, 죽음에서 생명으로 옮겼듯이, 2000여 년 전에 십자가에 못 박히신 예수 그리스도, 십자가의 흔적은 오늘을 사는 우리에게 축복의 비로, 평강의 빗방울로 뿌려지고 있습니다.

구름이 그 품었던 빗방울을 땅에 쏟을 때, 가뭄에 갈라진 땅의 틈을 메우고, 땅속의 생명들을 다시 춤추게 하듯이, 오늘 우리가 예수 그리스도 그분을 바라볼 때, 그 십자가의 흔적을 바라볼 때, 우리의 과거는 감사로 채워지고, 오늘의 은혜를 맛보며, 미래에 소망이 성취되는 역사를 경험하게 될 것을 믿으십시오.

오늘 저의 이 소망이 사랑하는 이의 귀와 마음에 들려져, 눈이 떠지고, 소망이 생기며, 예수 십자가에만 눈이 고정되시기를 간절히 소망하고 바라봅니다.

살아있을 때는 이름을 부르다가도
죽으면 잡초 가득한
비석으로 남을 인생을
무엇하려 그리 잡으려 하십니까?

구멍 난 풍선처럼
언제 지나갔나 싶어서

돌아보면 시들어진 내 모습,
거울에 비친 것이 서글퍼 우는 것이
오늘 당신의 모습은 아닙니까?

폭포처럼 풍성했던 희망의 원천도
오늘 나의 삶에는
그저 작은 물방울처럼 보인다고
아쉬워하고 있다면

당신은 이제
골고다의 흔적을 바라보아야 합니다

모든 것을 소유했으나
모든 힘이 있으나

모든 의미없는 것들의
의미가 되기 위하여
못 박힌 그분을 바라보아야 합니다

"이제 다 이루었다!"
이 외침은 하늘로 올라가 사라지지 않고

은혜의 구름 속에서
구원과 생명의 빗방울로

당신의 인생의 흔적들을 적셔주십니다

갈라진 마음을 적시고
소망의 씨앗을 움트게 하고
섭리의 강가에 뿌리를 뻗어

아버지 하나님이 꿈꾸던
갑절의 열매를 맺게 하십니다

뒤돌아서서 나를 외면하는
과거의 흔적을 바라보지 말고
오늘 십자가의 흔적을 주목하세요

죽을 것 같으나 살 것이고
잊혀진 것 같으나 기억되고
생명으로 춤추는 당신을 발견하게 될 것입니다

54. 비상

동화 '미운 오리 새끼'에 보면, 유난히 큰 알에서 태어난 한 오리 새끼가, 어미와 형제 오리들에게 미움을 받고 쫓겨나는 모습이 나옵니다. 집에서 쫓겨난 오리는 닭과 고양이에게도 미움을 받습니다. 추운 겨울을 지내며 외롭고 눈물 가운데 보내던 오리 새끼는, 따스한 봄을 맞이합니다. 그리고 문득, 자기가 하늘을 날 수 있다는 사실을 발견합니다. 다시 말해, 오리 새끼는 미운 오리 새끼가 아니라, 하늘을 훨훨 나는 백조라는 사실을 깨닫게 된 것입니다.

사랑하는 이여!

사람들은 누구나, 꿈과 희망이라는 날개가 있습니다. 그러나 날개가 있어도 날지 못하는 것이 우리 인간의 한계입니다. 하나님 아버지는 그런 우리에게 오늘 말씀하십니다. "너는 내 사랑하는 아들이요, 내 기뻐하는 자"라고, 너는 미운 오리 새끼가 아니라, 은혜의 창공을 날 수 있는 독수리라고 말씀하십니다.

그러나 우리가 이 음성을 듣고, 날개를 활짝 펴며, 은혜의 창공을 힘차게 날기 위해서는 먼저 임마누엘 예수 그리스도가 우리 안에 오셔야 합니다. 숨죽어 있던 내 믿음의 볼륨을 크게 높여주시고, 사망의 음침한 골짜기에서 슬피 울던 우리의 손을 잡으사, 저 축복이 우리의 것임을, 은혜가 우리의 것임을, 보여주셔야만 합니다.

사랑하는 이여!

그러므로 오늘 이 은혜의 말씀을 믿고, 좌절과 슬픔과 염려의 새장을 벗어나 확신으로 날갯짓합시다. 절망의 까마귀 소리에 귀 기울이지 말고, 오늘 우리가 구원의 비둘기가 되어서, 하나님이 우리에게 준비하신 축복의 잎사귀를 물고, 구원의 기쁜 소식을 전합시다. 예수의 십자가의 보혈이 우리를 치유하셨다고, 우리 삶이 은혜 안에서 잘 될 것이라고 선포합시다.

우리의 비전은 이 세상이 아니라, 하나님의 손안에서 이루어지고, 내가 믿음으로 날개 칠 때, 성취되는 것임을 믿음으로 선포합시다. 그럴 때, 불평과 원망으로 염려하는 비상 상황이 아니라, 성령의 바람을 타고 높이 비상하는 삶이 우리의 삶이 될 줄 믿습니다.

날개가 있어서 날 수 있는 것이 아닙니다

저 하늘 위의 새가
그토록 찬란하고 아름답게 날 수 있는 것은
마음의 볼륨을 높여
저 영원의 끝에서 잠들어 있던
파란 하늘을 끌어냈기 때문입니다

오늘 당신과 내가 비상하기 위해서는

세상의 상념들로 가득 차
텅 비어버린 영혼의 공백을
주께서 채워주셔야만 하고

좁고 좁은 영혼의 골짜기에서
눈물의 노래를 들으며 슬퍼하는
내 손을 이끌어
아버지의 충만으로
인도해 주셔야만 합니다

하늘이 있고 나는 날개가 있습니다

오늘 나는 내 맘으로는
다 헤아릴 수 없는
저 은혜를 향해 날개 칠 것입니다

회복의 잎사귀를 물고
노아의 손에 안겼던 한 마리 비둘기처럼
감사와 찬양의 잎사귀를 물고
아버지 품으로
그리운 예수의 손 안으로..

55. 여름 비

여름이 그 붉은 얼굴을 구름 뒤로 감추고, 시원한 비가 뜨거운 우리 마음을 씻겨주고 있습니다. 갈라진 논, 근심으로 갈라진 농부의 마음을 위로하고, 답답한 공기의 파도를 잔잔하게 해줍니다. 여름비는 우리에게 오겠다고 말합니다. 비가 내린다고 할 수도 있는데, 쏟아진다고 말할 수 있는데도 그저 조용히 우리에게 오겠다고 속삭입니다. 그 아무도 찾지 않을 때, 전능의 옷을 벗고, 마구간에 찾아오신 예수님처럼, 생명의 말씀, 생명의 성령님께서는 오늘도 우리를 위로하고, 쓰다듬고, 채워주기 위해 여름을 옷 입고 방울방울 나에게 찾아오십니다.

인생의 나날들에 햇빛이 비춰지지 않고, 어떤 위로도 발견할 수 없다고 염려하지 맙시다! 태양을 보기 전에, 우리는 먼저 섭리의 구름 속에서 씻김 받는 것이 더 필요하기 때문입니다. 은혜가 옵니다. 순간순간 내미시는 주님의 손을 잡고, 주의 은혜로 내 메마른 심령을 적셔주시기를 간구합시다. 이 비가 지나가고 맑은 태양이 비취는 그날, 우리의 감사와 찬양의 미소가 더욱 빛나게 할 것입니다.

그러므로 빗방울이 창문을 두드릴 때마다, 주님이 우리의 마음을 두드리고 계심을 믿읍시다. 엘리야처럼, 겸손의 무릎사이에 얼굴을 넣고, 주님이 주실 은혜를 기대하시기 바랍니다. 그럴 때, 우리의 마음은 채움을 받고, 거룩의 불이 우리의 모든 염려를 태워주실 것입니다. 이전에는 경험하지 못했던 만족의 생수가 당신의 마음을 풍성히 적셔, 다윗처럼, 내 잔이 넘치는 은혜의 역사가 우리의 삶에 가득할 줄 믿으시기 바랍니다.

비가 옵니다

떠나간 님을 그리워하는
그 누군가처럼
메마른 마음을 적셔줄
그 찰나의 위로를 구하는
마음의 표현입니다

날씨가 흐리다고 우울해 마세요

때로는 뜨거운 태양을
등 뒤로 감추고
당신의 메마름을 씻어주는 것이
파란 하늘 아래서
밝게 웃는 당신의 영혼을

더욱 빛나게 해주기 때문입니다

떨어진 방울방울
물길을 이루어
마음의 먼지를 씻어
망각의 골짜기로 흘려보내고

눈가를 적시는 방울의 손길,
이 순간도 지나가리라고
이제 곧 맑을 것이라고
속삭이는 소리에 고개를 돌려보니

또 다른 소망의 방울이
반갑게 손을 흔들어 줍니다

비가 옵니다
그리운 내 님의 따스한 품에서
그대 마음, 내 마음
내 마음, 그대 마음 되어
영원한 평강을 노래하는

영원의 노래입니다

56. 바람개비

어린 시절, 봄이 오면, 저의 어머니는 작은 나무에 종이를 접어 바람개비를 만들어 주곤 하셨습니다. 그럼 저는 그 바람개비를 들고, 집 가까운 언덕에 올라, 빙글빙글 돌아가는 바람개비를 보며 기쁘게 뛰어놀던 추억이 있습니다.

하나님은 우리의 마음을 그분의 형상, 즉 사랑이 가득하도록 창조하셨습니다. 그러나 오늘을 살아가는 사람들의 마음을 보면, 제각기 살아온 환경에 따라서 그 모양이 다른 것 같습니다. 어떤 사람의 마음은 너무 슬프고, 메마른 광야같은 자도 있습니다. 네모난 사람도 있고, 세모난 사람도 있습니다. 찌르는 칼과 같이 날카로운 심령도 있습니다. 그래서 그 마음 모양대로 인생 속에 그 날카로움을 드러내며 살고 있습니다.

따스한 봄날처럼, 주님은 그런 우리의 마음속에 찾아오십니다. 저의 어머니가 종이를 접고, 접어 바람을 따라 춤추는 바람개비를 만들어주셨듯이, 오늘도 주님은 피 묻은 구원의 손길로, 우리 마음을 접고, 접어 성령의 바람을 따라 춤추는 은혜가 풍성한 마음으로 바꿔주십니다. 나아가, 내 연약한 손을 붙드시고, 푸른 초장 쉴만한 물가 사이를 지나며, 어린아이처럼, 사랑하는 연인처럼, 우리의 마음을 쉬게 하심을 믿으시기 바랍니다.

바람개비는 앞을 향해 달릴 때, 아름답게 회전합니다. 이처럼, 예수님은 우리의 마음을 과거의 실패와 상처가 아니라, 앞을 바라보게 하심으로, 주님이 준비하신 축복과 희망의 매를 향해 달리게 하심으로 마음을 춤추게 하십니다.

일상에 지치고, 상처로 인하여 매일 마음의 눈물을 흘리는 이여! 우리의 있는 모습 그대로 주님께 드리십시다. 창조의 손이 당신의 마음을 만지게 합시다.

그럴 때, 봄날을 즐기는 한 마리 사슴처럼, 오늘 우리의 입가에 감사의 미소가 끊이지 않을 줄 믿습니다.

그분과 만남이 어땠는지 궁금하신가요?

내게 오시는 사랑은
유채꽃 가득한 저 언덕을
해맑은 미소로 내달리는
소년 같았어요

설레이는 마음,
저 푸르른 하늘이 볼까봐
꽃밭사이에 무릎을 꿇고

마음, 마음 서로에게 기대어
작은 송이 머리에 꽂아주던

그런 손길이었어요
네모진 마음
탄식으로 찢어진 마음
조심스레 접어

섭리의 나무에 조심히 꽂아
부드러운 입김을 불어
바라볼수록 아름다운
풍경을 만드십니다

왼손으로는
주름진 나의 손을
오른손은
지친 마음을 잡아

푸른 초장 사이
평강의 꽃길을
내어 달려봅니다

쓸쓸함과 눈물 꽃이
빙글빙글 참 아름답게 돌아갑니다

마주 잡은 두 손 사이로 전해지는
따스한 위로,

가슴속 쌓여있던 아픔을 쓸어내고
우리 서로 사랑하기에
인생의 날씨는 맑다고
지나온 삶의 흔적들은
아름답다 말하는 위로가

바로 예수 그리스도
그분의 숨결이었습니다

사과가 익으면 익을수록
얼굴을 붉히듯이
봄날의 산들바람이 불어올 때마다
내 마음은 홍조를 띱니다

그리움 머금은 저 하늘에
입김을 불어 봅니다

57. 가면

언젠가 TV에서 가수들이 가면을 쓰고 나와서 노래를 부르고, 나중에 가면을 벗을 때, 생각하지도 못한 사람이 등장하는 것을 보며 모두 놀라는 장면을 본 적이 있습니다. 가면을 썼을 때, 머릿속으로 생각했던 사람이 아니었기 때문입니다. 이러한 가면은 오늘을 살아가는 많은 사람들이 마음속에, 얼굴 표정 속에, 우리도 모르게 쓰고 있습니다.

사람들에게 우리가 보여주고 싶은 모습만 보이려고 하고, 우리 안의 슬픔, 상처, 단점, 부족함은 그 가면 뒤로 감춰버립니다. 그러나 마음을 드러내고 싶어서 그 가면을 벗으면, 세상 사람들은 가면 뒤에 내 진짜 모습을 보고 당황하고 놀라며 우리를 멀리하고 떠나갑니다. 그래서 오늘 우리는 그런 슬픔을 또 다시 겪고 싶지 않아, 또 다른 가면을 쓰고 살아갑니다.

사랑하는 이여!
그런 우리에게 예수님은 사람이 아니라, 십자가를 바라보라고 하십니다. 옷이 벗겨지고, 가시관을 쓰시며, 온 몸에 채찍을 맞아 찢어진 그분을 바라보라고 하십니다. 거룩한 하나님, 전능의 하나님으로써 옷을 벗으시고, 철저하게 인간이 되시고, 죄인이 되시어, 우리 곁에 찾아오시는 예수님을 바라보라고 하십니다.

예수님께서 죽으시어 사망의 옷을 벗기셨듯이 임마누엘 주님은 오늘 우리의 가면을 벗기시고, 있는 모습 그대로를 사랑하시기 위해서, 이 자리에 오셨습니다. 주님이 부활하실 때, 모든 사망의 흔적이 사라졌듯이, 주님은 오늘 우리의 영혼과 삶에 깊이 파여 있는 질병과 상처의 흔적들을 보혈로 씻어주시고 깨끗하게 하십니다.

오늘 이 주님을 바라봅시다. 그리고 성령으로써 아름다운 형상을 회복하시기를 주님의 이름으로 축원합니다.

처음에 쓰려고 그런 것은 아니었어요
얼굴에 거칠게 그려진 이 굴곡진 마음,
당신에게 들킬까봐

당신에게 나는
항상 아름다운 미소로 추억되고 싶었기 때문입니다
우린 마음이 통한다고 생각했어요
사랑이라고 생각했어요

그래서 마음을 나누고 싶어 가면을 벗을 때마다
당신의 얼굴은 언제나 봄날에 잎사귀를 벗어버린

벚꽃나무처럼 싸늘했어요
십자가,
이제 내가 붙들 것은 당신뿐입니다
그토록 고통스러운데도
나를 바라보는 당신의 얼굴은 얼마나 평화로운지..

어느덧 나는 굴곡진 인생의 흔적,
그대로의 모습으로 당신을 바라봅니다

당신의 미소가
내 미소가 되고
당신의 평안이
나의 평안이 됩니다

가까이서 보니 우린 서로 많이 닮아있네요

사랑하는 주님,
당신의 품안에서
내가, 내가 될 수 있어서 행복합니다

58. 그리운 계절의 자취

여름이 다 지나가고 가을이 찾아오면, 여름을 빛내던 잎사귀들이 그 초록빛을 서서히 잃고, 나무들은 무겁다는 듯, 옷을 벗습니다. 여름이 지나고, 차가운 바람이 부니, 뜨거웠던 여름이 그립고, 따스했던 봄이 그립습니다. 그러나 이제는 우리를 떠나, 조용히 기다림 저 편으로 떠나갔습니다. 가만히 생각해보면, 우리는 봄에 여름을 바랬고, 여름에는 서늘한 가을을 바라보느라, 현재의 내게 다가온 그 계절을 놓쳐버릴 때가 많았습니다. 우리가 은혜받는 것도 그런 것 같습니다.

오늘 우리에게 새로운 은혜를 들고 주님은 찾아오십니다. 그러나 언제나 우리의 시선은 다른 곳에 있었고, 또 다른 축복과 응답을 바라보고 있습니다.

사랑하는 이여!

오늘 우리를 찾아오시고, 은혜의 계절 안에 거하게 하시는 주님을 바라보고, 그분과 교제하며, 그분이 주시는 은혜에 우리의 볼을 대고 느껴봅시다. 그것이 인생의 계절에 우리의 마음을 따스하게 하는 마음의 난로가 되어줄 것입니다.

서늘한 바람이 내 볼을 스칠 때마다
마음을 들킨 순애보처럼
내 마음속 고독이 흩뿌려질까
두려운 오늘입니다

계절은 하나의 큰 영사기입니다

봄의 따스함
흐르는 땀을 닦던 여름
곁에 있을 땐 등 뒤를 바라보고
떠나가니, 이제 그 손길이 그립습니다

끝나버린 영화 속 검은 화면 속에서
지나간 것을 추억하듯이
나도 그때 그 따스함을 기억하려 하지만..
그대는 나를 모른다는 듯
떠나가 버렸습니다

나중이 아니라, 다음이 아니라,
바로 오늘 당신의 볼을 데어
그 따스함을 느끼세요..
흘러가는 계절이라도
마음에 영원히 남는 영혼의 명대사가 될테니까요..

59. 겨울 이불

가을이 다 지나가면, 겨울이 그 향기를 드리웁니다. 날씨도 춥고, 마음도 시리고, 때로는 쓸쓸해지지만, 겨울하늘 만큼 맑은 날도 없어서, 저 하늘에서 춤추는 별들이 더 잘 보입니다. 어린 시절 어머니의 품에서 응석부리고, 반찬투정도 하고, 때로는 반항하고, 상처가 되는 말을 내뱉다가도 이제 우리가 부모가 되어 자녀를 키워보면, 순간순간 우리에게 보여주셨던 작은 행동과 말들이 다 사랑이었음을 깨닫습니다.

이처럼, 우리 인생의 겨울도 사실은 그 어느 때보다 우리 주 하나님의 사랑을 가장 크게 경험할 수 있습니다. 목동이었던 다윗도 사망의 음침한 골짜기 안에서 특별하게 돌보시는 하나님으로 인하여 "내 잔이 넘치나이다!"라고 찬양했고, 사도 바울도 수많은 죽음의 위기와 핍박 가운데서도 "내게 능력 주시는 자 안에서 내가 모든 것을 할 수 있다!"고 고백하고 있습니다.

사랑하는 이여!
그러므로 우리의 인생 속에 다가온 겨울의 추위로 하나님 앞에 원망하지 맙시다. 어린 아이 같은 순진한 마음으로 주님의 품에 안깁시다. 인생의 겨울에만 경험할 수 있는 은혜의 품으로, 마음을 따스하게 감싸주시는 겨울 이불을 덮어 봅시다. 잃어버렸던 소망이 다시 싹을 틔우게 될 것입니다. 불안과 염려의 고드름이 녹아내리고 평안의 차를 마시게 될 것입니다. 오늘 이 겨울의 한날이, 인생의 그 어느 날보다 아름답고 행복한 하루가 되었음을 고백하게 될 것입니다.

감싸 안은 두 손 사이로
한 숨 크게 불어보니
손가락 사이를 스치는 구름
이제 겨울이 온 것 같습니다

어깨가 움츠러지고
옷을 두껍게 입고
따스한 차를 마셔도
여전히 마음은 겨울입니다

당신도 많이 추우시지요?

2000년 전 구유 위에 누우신 주님도
추위를 느끼셨습니다

전능한 하나님이 우리와 함께 계시는데

아무도 보는 이 없고
찾는 이 없고 듣는 이가 없습니다

얼어버린 땅,
앙상한 가지만 남은
자연의 표정처럼

마음의 겨울은
쓸쓸함과 적막함이 가득합니다

그러나 예수의 마음은
추워질수록 더욱 따스해지십니다

마치 따스한 온돌방,
어머니 품에 이불을 덮고
누워있는 아이처럼

인생의 겨울,
찬바람이 불어올 때
선하신 아버지의 오른손이
따스하게 감싸주심을 믿기 때문입니다

딱딱해진 마음속에 숨겨진
은혜의 씨앗이

마침내 그 생명을
움트게 될 것을 믿기 때문입니다

사랑하는 당신이여!
겨울의 입김으로 움츠려 있습니까?

해맑은 미소로 아장아장 걸으며
어머니 품에 안기는 아가처럼

무한한 사랑으로
따스하게 안으시는 주님의 품에
안겨 보세요

참 따뜻합니다

60. 내 영혼을 빛으로

날씨가 많이 추워지면, 그래서인지 하늘에서 눈도 많이 내리고, 고드름도 얼고, 땅이 다 얼어버립니다. 눈 위를 걸으며 인생을 묵상할 때 눈 위에는 수많은 사람들의 발자국들이 있습니다. 그리고 날씨가 추워지면, 그 발자국들은 꽁꽁 얼어서 굳어져버립니다. 이 얼어버린 발자국들을 보았을 때, 저는 인생 속에서 상처받고, 지쳐있는 영혼들의 모습이 떠올랐습니다.

사랑하는 이여!

이 상처의 발자국들은 누가 지울 수 있을까요? 그것은 바로 빛 되신 주님이 평강의 빛을 비춰주셔야 합니다. 주님의 평강의 빛이 비춰질 때, 얼었던 우리 마음이 녹아지고, 우리 상처가 녹아지고, 주님의 얼굴빛으로 빛나는 영혼으로 바뀌게 됩니다. 오늘 우리의 중심을 주님께 드립시다. 그리고 주님을 찬양합시다. 주님을 사모합시다. 그럴 때, 하나님의 은혜가 우리의 삶에 비춰져서, 굳어진 마음을 부드러운 마음으로, 평강의 마음으로 바꿔주실 줄 믿습니다.

말 못하던 사람이 주님의 선포로 말을 하게 되었듯이, 우리 입술로 믿음의 말, 감사의 말, 성령의 말을 하게 될 줄 믿습니다. 주님의 빛이 내 영혼에 비춰 올 때, 우리의 눈은 주님의 영광을 보게 되며, 인생의 광야 속에서도 오병이어의 기적과 같은 풍성한 은혜를 경험하게 될 것입니다.

지난 시간 동안 우리의 발자국을 쳐다봅시다. 늘 혼자였다 생각했지만, 우리의 등 뒤에서 우리가 넘어지지 않도록 붙드시는 주님의 발자국이 있었습니다.

이제 주님을 우리의 곁으로 모셔 들입시다. 사랑하는 연인이 서로의 눈빛 속에서 마음을 발견하듯이, 주님과 함께 인생을 동행하며 살아갑시다. 우리의 믿음의 빛이 주님을 빛내고, 주님의 은혜가 내 영혼을 빛나게 하기 바랍니다. 아멘!

이제 겨울이 왔다는 듯
온 땅이 하얗게 옷 입고 있습니다

가을 잎사귀로 붉었던 나무는
하얀 세마포로 옷 입고
여전히 살아있음을 노래합니다

아름다움에 감탄하던 나,
무심코 앞을 바라보니
한 길 위에 수많은 발자국들이
어디론가 향하여 가고 있습니다

지나갈 땐 부드럽던 그 땅이
겨울 기침에 돌처럼 굳어버려
빛바랜 사진처럼 찍혀 있습니다

지난 세월 속의 나를 보는 듯
한참을 멀뚱히 서서 그려진 인생의 이야기를 봅니다

이것이 내 마음이요
당신의 마음이요
그 누군가의 알 수 없는 흔적이기 때문입니다

구름 사이로 빛이 비춰고
굳어진 인생의 흔적들이 조용히 흘러내려갑니다

얼음에 가려진 순수한 영혼의 얼굴은
빛을 보며 환하게 미소 짓고
그 따스한 포근함에 감사합니다

그리워하십시오
태초의 혼돈을 생명으로 바꾼 그 빛을...

오늘의 은혜를 사모하는
모든 자에게 비추시는 하나님의 얼굴을...

61. 꽃의 고백

얼마 전 TV 뉴스를 보니, 부유하게 살던 한 가정의 남편이 아내와 자녀들을 죽이고, 스스로도 목숨을 끊었던 사건이 있었습니다. 그 원인을 살펴보니, 남편이 도박으로 빚을 졌는데, 그 빚을 갚지 못해서 이런 잔인한 결말에 이르렀다는 것입니다. 누군가 이 가정의 문제에 귀를 기울여 주었다면, 남편이 그 마음의 고민을 털어놓았더라면, 악한 습관을 끊고 다시 시작했더라면 이런 일은 없었을 것입니다.

그러나 오늘날 많은 사람들이, 가정들이 인생 속에 다가온 문제와 염려들을 마음속에 묻어둔 채 눈물로 살아갑니다. 힘들수록 어려울수록, 마음의 문을 더욱 굳게 닫아두고 있습니다. 이런 의미에서 오늘의 시는 세상 속에서 지쳐있는 영혼들을 향한 예수님의 마음이 표현된 요한계시록 3장20절의 말씀처럼, 주님은 오늘도 우리 마음의 문을 두드리십니다.

우리 마음이 죄로 가득하고, 절망과 염려와 질병으로 가득해도, 주님은 향기로운 꽃으로 마음에 거하기를 원하십니다. 예수님의 향기, 그 향기는 지친 영혼에게 생명이 되며, 이마에 가득한 주름살을 미소 짓게 하는 즐거움이 됩니다.

오늘 우리의 마음에, 거룩한 노래로, 설레는 발걸음으로, 생명의 능력으로 다가오시는 예수를 모셔 들입시다. 마음의 중심에 예수님이라는 꽃을 심어두고, 그 꽃향기가 영혼 전체에 퍼지게 합시다. 그럴 때, 십자가에서 모든 죄와 사망과 사단을 이기신 승리의 향기가, 평강과 안식의 향기가, 영원토록 우리의 향기가 될 줄 믿습니다.

보이지 않던 것이 보이고, 새로운 힘을 얻어, 주님이 열어주시는 새로운 가능성을 향해 힘차게 나아가게 될 것입니다. 우리 인생의 환경과 상황이 겨울과 같이 춥다고 해도, 우리에게 능력 주시는 분으로 인하여, 모든 불가능을 이기고 승리하게 될 것임을 믿읍시다.

계절은 봄을 향해
두근거리는 발걸음을 내딛고 있는데도
당신의 계절은 여전히 추운 듯 싶습니다

문을 열어주세요
낯선 눈빛으로 맞이한다 해도
축 처진 어깨를 볼 수 있어서 기쁠 뿐입니다

나로 당신 옆에 있게 해주세요,
낙심의 연기가 가득해도
돌짝밭 같아도 가시덤불이 가득해도
내 존재가 죽어 당신을 위해

피어날 수 있으니까요..

당신의 모든 한숨 내게 주세요
마음을 즐겁게 할 평안의 향기를 드릴께요

나를 만지세요.. 눈물이 그치고, 절망이 그치며
사망의 근원이 메마를 거예요..

나를 바라보세요..
당신의 굳어진 마음에
창조의 아름다움으로 가득한
미소를 드릴께요..

당신의 빈 마음을 내게 주세요..
나는 당신을 위한 한 송이의 꽃..
태초부터 영원토록 생명으로 가득한
즐거움의 근원..
당신 곁에서 언제나 있어
설레이는 두근거림으로 피어있을래요

내게 문을 열어주세요..

62. 소생(蘇生)

과거를 추억하고 싶을 때마다, 저는 오래된 앨범을 꺼내 사진을 봅니다. 벌써 30년이 넘은 앨범이라 많이 해어졌고, 앨범 속의 사진도 이제 많이 바래져 버렸지만, 그 사진들을 볼 때마다, 저는 지나왔던 즐거운 삶의 기억들로 인하여 미소를 지어봅니다. 그러나 한편으로 이 즐거웠던 추억들이 점점 잊혀지고, 육신이 연약해지는 것을 보며 안타까움을 느끼는 것이 우리 인간의 모습입니다.

바로 그때, 예수님께서는 하나님의 말씀을 펴보게 하십니다. 그리고 그 말씀 속에서 믿음의 삶을 살아왔던 사람들을 영으로 만나게 하십니다. 아브라함과 이삭, 요셉, 다니엘, 엘리야... 이 수많은 믿음의 사람들을 만나면서 깨닫는 사실은, 우리의 육신은 연약하고, 기억은 흐려진다 해도, 여호와 하나님의 얼굴빛이 모든 연약함과 빛바랜 사진 같은 우리의 영혼을 소생시켜 주신다는 사실입니다.

"내 영혼을 소생시키시고 자기 이름을 위하여 의의 길로 인도하시는도다!"라고 고백했던 다윗처럼, 오늘 우리의 가정 그 어딘가 구석에 놓아두었던 하나님의 말씀을 펴서 말씀의 빛 가운데 거합시다. 그럴 때, 길 잃어버린 양과 같은 우리를 주님께서 지팡이와 막대기로 안위하시고, 주님의 이름과 영광을 위하여 우리의 삶을 의의 길로 인도해 주실 줄 믿습니다.

기억은 오래된 카메라로 찍은
한 장의 사진 같아서
순간은 분명하다가도
시간의 흐름 속에서
그 색채를 잃고 바래져 버림과 같습니다

어릴 적 푸른 초장을 뛰놀던 때가
그립고 그립습니다

적어도 그때만큼은
어떤 염려도 없이
방긋 웃을 수 있었기 때문입니다

그토록 해맑게 웃던 어린아이는
내 맘속에 있는데
거울 속의 내 모습은
사람들의 발걸음 가득한
시장 한 가운데서
엄마를 잃고 울고 있는
아이의 표정과 같습니다

자연스러운 흐름이 막히고

소화되지 않은 채 걸려있는 이 마음,
알 수 없는 손길에 이끌리어
책장을 넘겨봅니다

"하나님이 이르시되 빛이 있으라!"

이 짧은 선포 속에서
나는 인생의 색채가 분명해짐을 경험합니다

말씀 속에 살아 숨쉬는
사람들의 손을 잡고
인생을 살펴보니
내 주변의 울림과 빛과 형태 속에
여호와의 손길이 함께 함을 깨닫습니다

"빛이 있으라"
영원토록 바래지 않을
생명의 사진이 될 것을 기대하십시오

63. 구원이 오시다

성탄 시즌에 걷다보면, 아름다운 크리스마스 트리와 즐거운 캐럴, 그리고 산타클로스가 주는 선물을 기대하는 아이들의 모습이 보입니다. 크리스마스라는 이 날이 사람들에게 주는 기쁨과 행복은 바라보는 사람으로 하여금 미소 짓게 합니다. 그러나 언젠가부터, 우리는 이 성탄의 진정한 의미를 잃어버리고 있는 것 같습니다. 예수 그리스도가 이 땅에 오신 이유, 예수 그리스도의 오심이 우리 인간에게 주는 진정한 선물, 진정한 은혜가 무엇인지 그 영적 의미를 잊어버리고 있다는 것입니다.

예수님이 오시기 전에 인간의 삶, 인간의 영혼 상태는 흐린 날과 같고, 먼지 가득한 바람이 가득할 뿐이었습니다. 그러나 생각지도 못한 때, 예수님은 우리 인생에 입장하셔서, 모든 거짓된 불빛을 끄시고, 구원의 날이 밝아오게 하셨습니다. 비록 예수님은 연약한 아기의 모습으로 오셨지만, 그분의 두 손은 전능의 손이요, 하나님의 구원의 의지를 쥔 권능의 손입니다. 구유 위에 누우신 아기 예수님은 2000여 년 전 뿐만이 아니라, 오늘 우리 앞에 누워계십니다.

우리는 이 예수님께 겸손의 무릎을 꿇고 감사와 찬양을 올려야 합니다. 2000여 년 전 동방박사의 가슴과 영혼을 떨리게 했듯이, 우리의 영혼은 예수로 말미암아 즐겁게 떨리게 될 것입니다.

오늘 유난히 날이 쓸쓸합니다

태초의 어느 날처럼
길섶 위에 고요가 거친 숨을 쉬고

깨어나길 저어하는 듯
목자들은 양과 함께
밤의 장막을 감고 있습니다

그 어느 영원에서부터 날아와
아우름의 손짓으로

밤의 장막을 수놓은 거짓된 별빛들을
하나씩 하나씩 손수 끄기 시작합니다

단 한 순간의 주저함 없이...
영원한 생명으로 미쁘신 그분을 생각하며
모든 어둠을 지워냅니다

아무도 생각지도 못한
그곳을 가리키십니다

불 꺼진 장막 위에
구원의 별빛이 비추고 또 비추십니다

수 천 년 동안 눈물로 그리하며
생명을 흐노는 영혼들에게
저 멀리 동방의 사람들에게..

잠든 목자들에게..
기대감의 눈빛으로 바라보는 우리에게..

너무 작지만 태양같이 빛나고
힘없이 눈을 뜨지만 성령으로 불타고

힘차게 쥔 두 손,
사단의 머리를 깨려는 듯..
죄의 사슬을 끊으려는 듯..
아버지의 의지를 감싸고 있습니다

동녘의 샛별이 아침을 부르듯
구원의 별빛
다가올 생명의 생기
성령의 기름 부으심..

구원의 새아침을 부르며

죄로 어둔 우리 마음을
지금 비추고 있습니다

겸손의 빛으로 빛나는 구유 위에
누우신 임마누엘..

우리의 무릎과
감사와 찬양의 손
구원의 기대로 떨리는 입술은..

2000년 전 동방의 사람들의 영혼을 뛰게 했던
그 떨림으로
우리의 영혼을 떨리게 할 것입니다

64. 반석에 오르다

지난 시간의 일기장을 살펴보면, 희망을 가지고 많은 꿈과 계획들을 세워두었지만, 마음대로 되지 않고 실패의 흔적들만이 가득합니다. 웃는 날보다 우는 날이 많았고, 건강한 날, 병들어 고통 받던 날, 믿었던 사람으로부터 상처를 받고 사랑하던 사람을 떠나보내는 경험도 했을 것입니다. 아름다움을 스케치하지만, 저의 생각대로 색칠할 수 없는 것, 그것이 바로 우리의 인생입니다.

모두가 동일한 24시간이라는 선물을 받지만, 그 선물을 주신 분의 마음에 와닿도록 아름답게 사용하는 사람은 없습니다. 시간이라는 선물을 주신 분의 마음에 들도록 인생을 살만한 지혜와 능력이 우리에게는 없기 때문일 것입니다. 또한, 모든 아름다운 주님의 계획을 왜곡되게 하고, 무너지게 하고, 실패하길 바라는 악한 사단의 역사로 인하여, 많은 사람들이 오늘이라는 시간을 또 다른 실패와 염려 가운데 살아가고 있는 것이 사실이고 현실입니다.

그럼, 우리는 어떻게 살아가야 할까요? 그 길은 멀리 있지 않습니다. 우리가 해야 할 일은 주님이라는 반석, 하나님의 임재라는 산 위로 올라가는 것입니다. 주님의 반석 위에 올라가면, 이전에 크게 보이던 염려, 고민, 아픔이 작아지고, 과거나 현재가 아니라, 우리를 향한 비전의 미래도 볼 수 있습니다.

지금 주님께 나아갑시다. 그리고 불확실이 아니라, 확신 가운데 거하시기를 축복합니다. 그럴 때, 주님의 친밀한 손길이 두려움 가운데 걸어가는 우리를 붙들어 주시고, 어떤 상황과 환경에서도 평안을 누리게 하실 줄 믿습니다.

아침의 햇살이 잠든 시야의 문을 두드리고
두 주먹 불끈 쥐며 어제를 밀어냅니다

그저께 가졌던 기대가
어제 속에서 긴 한숨의 후회가 되었지만
내일이 부르는 소리에
문을 열고 저 높은 곳을 향해 나아갑니다

아기 예수를 인도하던 빛이
저 햇살이었던 것처럼
나의 발걸음
알 수 없는 확신에 이끌려 나아갑니다

어제 나를 괴롭히던 것들이
점점 작아지고
불신으로 닫혔던 귓가에
풀잎의 노래, 새들의 날갯짓

잎사귀 흔들며 찬양하는
푸르른 날갯짓이 들려옵니다

그 누구의 흔적도 없는 숲길을 지나
인생의 반석 위에 올라
크게 한 숨 쉬어 봅니다

지난 한 해 동안
나를 눌렀던 어둠이 안개 사라지듯
어느새 생기로 내 영혼이 충만합니다

새로운 한 해를 시작하는 당신에게
어제는 지나간 물결이고
오늘은 내일의 친밀한 초대입니다

우리 함께 반석으로 나아갑시다
어제나 오늘이나 영원토록
상쾌한 생기를 마시며 삶을 바라봅시다

내일의 친밀한 손길이
오늘로 나타나는 것을 볼 것입니다

65. 하늘 그리고 주님

시인의 삶을 산지도 이제 꽤 되었습니다. 그동안 써왔던 이 시들을 통해 조금이나마 인생의 지친 영혼들을 위로할 수 있어서 참 행복했습니다. 그러나 저도 때때로 어떤 시의 단어도 떠오르지 않을 때가 있습니다. 시는 설교와는 달라서 단어 속에 깊은 의미를 담아야 하기 때문입니다.

저의 상상의 그물이 비어질 때마다 주님은 하늘을 바라보라 하십니다. 그리고 주님과 기쁘게 교제하고 있으면 어느덧 저의 마음 속에는 주님의 시어가 가득 담겨 있음을 깨닫습니다.

사랑하는 이여!

우리의 인생의 그물 속에는 무엇이 담겨 있습니까? 우리의 소망이라는 그물은 이 땅을 향해 던지라고 주신 것이 아닙니다. 시간 속에서 주님이 우리에게 던지라고 주시는 은혜의 그물은 우리 생각, 우리 계획, 우리 능력이라는 왼편이 아니라, 주님이 던지라고 하시는 믿음의 오른편에 던지도록 허락하신 그물임을 아는지요? 우리의 왼편과 주님이 말씀하시는 오른편은 방향의 차이이지만, 그 결과는 한 마리도 없음과 두 배가 가득 차게 거두는 것으로 드러납니다.

그러므로 다니엘이 매일 예루살렘을 향한 창문을 열고 하나님께 기도했듯이, 예수님께서 이른 아침 홀로 나가셔서 성령을 힘입어 기도하셨듯이 우리의 믿음의 그물을 기도의 손으로 내려 봅시다. 겸손하고, 의지하며 확신을 가지고 주께 나아갑시다.

오늘 우리가 주님을 향해 겸손히 손을 들고 기도하며, 말씀에 아멘 하는 모든 순간 속에서 주님이 채워주실 것입니다. 그리고 주님의 시는 우리가 하나님을 의지하며 순종하고, 믿음으로 걸어가는 발걸음 속에서 아름답게 쓰여짐을 믿읍시다. 아름다운 시가 쓰여지기 시작할겁니다. 아멘!

한때는 내가 시를 쓴다고
생각할 때가 있었어요

사람의 머리 속에는 바다가 있어서
그물을 내려
살아있는 단어들을 낚아 글을 쓰면
참 행복했답니다

그런데 이제 할 말이 없어요
도화지는 있는데 그릴 물감이 없어요

상상의 그물을 내려
은혜를 건져내려 해도

빈 그물 사이를 흘러내리는 물방울은
꼭 내 마음 같아요

어두운 밤 쓸쓸히 떠 있는
달같은 내 뒷모습을 보시며

"깊은 곳에 그물을 내리라"

이제야 알았다는 듯
무릎을 꿇고 두 손을 높이 들어
저 하늘 높이
은혜의 바다를 향해
믿음의 그물을 내려봅니다

내 영혼, 내 마음
두 배에 가득 찬 주님의 이야기
사랑으로 눈 맞추며
두 손 맞잡은 주님과 나

오늘의 나의 시는
저 하늘 그리고 주님입니다

66. 우물가

자연의 계절과 영혼의 계절은 우리 인생 속에서 다르게 찾아오는 것 같습니다. 오늘 우리 인생에 찾아온 계절은 차가운 바람에 흰 눈 가득한 풍경을 보여줄지 모르지만, 어떤 사람의 마음속은 뜨거운 용암을 내뿜는 화산과 같아서 분노하고, 파괴하고, 생명을 잃게 만듭니다.

우리는 마음의 계절이 너무나 추운 한 여인을 생각해 봅시다. 군데군데 깨어지고 금이 간 항아리를 머리에 이고 누군가의 시선을 피하며 한 모금 생수를 구하고 있습니다. 그러나 아무리 물을 떠 마셔도, 이 여인의 얼어버린 마음을 조금도 녹여내지 못하고 있습니다.

사랑하는 이여!

이 여인이 우리 자신의 자화상이라고 생각되지 않나요? 겨울날 처마 밑 얼어버린 고드름처럼, 우리의 마음과 영혼도 상처와 염려와 실패의 경험들로 얼어있지는 않는지요? 그렇기 때문에 오늘 우리 영혼은 본능적으로 한 존재와의 만남을 갈망하고 있습니다. 우리는 동물이 아니라 생령으로 창조되었기 때문에 거룩한 영의 손길을 그리워하고 있습니다. 그 거룩한 영은 오늘도 우리를 만나기 위해, 급한 걸음을 달려 인생의 우물가에 앉아 계십니다.

우리의 마음을 드립시다, 어제의 눈물을 드립시다, 어제의 실패를 드립시다. 주님의 손에서 굳어진 마음이 부드러운 마음으로, 눈물이 기쁨으로, 실패가 가득한 성취로 바뀌게 될 것입니다.

태양이 군림하는 한낮의 고요,
모두가 숨죽인 이때
실금 가득한 항아리를 들고 우물가로 나온다

세상의 계절이 범접 못하는
이 마음의 추위를
조금이나마 녹이고 싶기 때문이리라

산속 고요히 솟아오르는 샘물처럼
나도 한때는
내 속에서 솟아오르는 것을
살아보려 노력했었다

사랑의 그릇에 마음 한가득 담아
삶의 순간들에 내어밀면
고요한 행복이 돌아오리라 믿었다

그러나 돌아오는 것은

나에 대한 차가운 적개심,
이마를 스치는 후회의 찡그림일 뿐이다

한 남자가 있다
평생 마신 물방울보다 그윽한
사랑이 있다

그의 눈을 보니
순간, 신뢰와 희망이
샘솟듯 솟아오르고

어린아이 엄마 품에 안기듯
나의 세계가
영원한 평강의 품으로 안기고 있다

어떤 절망의 돌에도 흔들리지 않는
생명의 샘물

주님의 눈동자 안에서
봄날 피어난 한 송이 유채꽃처럼
내 이야기를 들려드릴 것입니다

67. 새벽 왈츠

얼마 전 새벽에 눈을 떠서, 해뜨기 직전, 하늘을 바라본 적이 있습니다. 날씨는 몹시나 추웠지만, 그 어느 날보다 하늘은 맑았습니다. 그리고 하늘 위에는 밝게 빛나는 달과 금성이 서로를 마주보며 서로의 아름다움을 자랑하고 있었습니다. 마치 달과 금성은 넓고 넓은 하늘을 무대 삼아 춤을 추는 것처럼 느껴졌습니다.

이 모습을 바라보며, 저는 우리를 향하신 하나님의 마음을 느꼈습니다. 빛이 임했으나, 아직도 혼돈과 흑암이 깊은 골짜기에 거하는 우리의 인생들을 향하여, 못 자국 난 두 손을 내어 미시사, 평안의 춤을 추기 원하시는 예수 그리스도를 발견했습니다. 그분은 우리로 이 땅이 아니라, 하늘을 걷게 하시고, 모든 눈물을 거두어 내시사, 아버지 하나님의 평강으로 채워주시기를 간절히 원하십니다.

사랑하는 이여!

지금 영혼의 주파수를 저 하늘 위로 맞추십시오. 그리고 주님이 들려주시는 평안의 음악에 맞춰 예수님과 함께 춤을 추는 사람이 되십시오. 그럴 때, 마음의 모든 염려와 아쉬움은 연기처럼 사라지고, 태초의 어느 날 하나님께서 기쁘게 외치셨던 한 마디가 우리의 마음속에 들려지게 될 것입니다.

"아버지 하나님께서 보시기에 심히 좋았더라!"

아침이 깊은 잠을 깨고
기지개를 펴기 전의 풍경은
참 아름답습니다

화려한 연극이 끝나고
모두가 퇴장한 무대 위에 서 있는
한 사람처럼
구원은 그렇게 예상하지 못했던 곳에서
우리네 삶으로 빛을 비추고 있습니다

참 아름답습니다

겨울바람에 얼어버린 땅처럼
절망에 굳어버린 영혼에
생기를 불어넣으시려고

못 자국 난 손을 내밀어
감싸 안으시고
성령의 노래에 맞춰
조용히 춤을 추십니다

주목하는 이 아무도 없어도

주님 마음 내 안에
내 마음 주님 안에

그 누구에게도 지배당하지 않겠다는 듯
우리는 함께 춤을 춥니다

주님과 함께 하늘을 걷다보니
슬픔의 눈물이
아름다운 빛 눈송이가 되고
이제 나는 영원한 평강으로
살아계시는 예수의 생각과 더불어
살고 있습니다

내가 부러우신가요?
당신의 손을 내밀어
주님의 마음에 아멘의 답장을 보내보세요

당신의 절망의 어둠을 뚫고
다가오는 임마누엘의 세계와
춤추게 될 것입니다

68. 내일의 편지

사람에게 가장 확실한 사실이 있다면, 우리는 언젠가는 죽는다는 것입니다. 또 불확실한 사실이 있다면, 우리는 내일 일을 알지 못한다는 것입니다. 즉, 인간은 유한한 존재이고, 언제나 불안함에 휩싸여 살 수 밖에 없는 존재라는 것입니다. 인생도 일기예보하듯이, '누군가 미리 가르쳐 주면 좋겠다'라는 생각이 들 정도로, 우리 인생은 한치 앞도 알기 힘듭니다. 그렇기 때문에 우리는 더욱 하나님 아버지를 갈망하는 사람이 되어야 합니다. 그분은 우리보다 앞서 가셔서, 우리 불확실한 인생 속에 길을 내시고, 수많은 갈림길에 진리의 표지판을 세우시기 때문입니다.

그분 앞에서 우리의 과거와 현재와 미래는 언제나 현재이기 때문에, 그분 안에서 우리 인생은 이미 완성되었기 때문에, 우리의 매일 할 일은 마음의 우체통을 열어, 사랑의 편지를 넣어두시는 주님 앞에 "아멘, 주의 말씀대로 내게 이루어질 것입니다!"라고 고백하는 것입니다.

그러므로 사랑하는 이여!

더 이상 다가오지 않은 내일로 염려하지 마십시오. 오히려 내일을 창조하신 주님을 신뢰하며, 오늘 우리에게 들려주시는 주님

의 말씀에 귀를 기울이시기 바랍니다. 그럴 때, 임마누엘 예수 그
리스도께서 우리의 삶을 붙드시고, 상실의 삶에서 확실의 삶으로,
눈물을 바꾸시어 선물로, 불안의 길을 평안의 길로 인도하실 줄
믿습니다.

이제 곧 나를 만나게 되겠지만
두 손 모아
따스한 입김을 불어
떨리는 마음을 진정하기를 원합니다

아직 당신은 나를 인식하지 못합니다
그러나 이제 곧 실제가 될 것입니다

나는 당신의 성취이고
당신의 존재 자체로 행복하며
잃었다가 되찾은 드라크마와 같습니다

당신보다 조금 더 앞서 걸으며
2000년 박사들을 이끌었던
별빛이 되고

발바닥이 마르고

거친 숨을 헐떡이며 샘물을 찾을 때
한 모금 시원한 냉수가 될 것입니다

높이 나는 새처럼
영원하신 평강의 주가 주시는
은혜를 물어
갈급한 당신의 입술에 채워줄 것입니다

당신의 등에 가득한
어제의 실패들을
망각의 저편으로 던져버리고

뜻밖의 선물처럼
내일의 꿈들이
오늘의 실제가 되게 할 것입니다

나를 믿어주세요
내가 당신을 믿습니다

내게 와 주세요
이제 만나러 갑니다

69. 이름을 부르다

서점에 가면, 다양한 제목들을 가진 책들이 누군가의 선택을 기다리며 진열되어 있습니다. 누군가는 그 제목을 보고 가만히 멈추어 서서 책을 읽어보다가 마치 아무 관심도 없이 지나가기도 하고, 또는 작은 의자에 앉아 그 책에 담겨진 이야기들을 조심히 읽어 내려갑니다.

이것은 마치 우리의 인생을 보여주는 것 같습니다. 모두 다 각기 다른 인생의 이야기들을 매일 써내려가고 있고, 그 인생에 귀 기울여주고, 관심 가져주기를 바랍니다. 그러나 사람을 의지하고, 우리의 의지대로 누군가를 붙들며 살다가 깨닫게 되는 것은 좋은 추억이 아니라, 잊고 싶은 얼룩만 남기게 된다는 것입니다. 이러할 때, 예수 그리스도는 상처받은 골짜기에 불어오는 봄바람처럼 찾아오십니다.

오랫동안 기억 속에 잊고 있었던 음악이 귀를 울릴 때에 느끼는 반가움과 기쁨처럼, 주 예수는 사려 깊은 손길로 우리의 인생을 어루만져 주십니다. 머리부터 발끝까지 보혈이 흐르게 하셔서, 인생의 겨울 속에서 나도 모르게 삼켜버린 상처와 염려, 슬픔의 소금을 해감시켜 주십니다. 꾸며진 약속이 아니라 이루어진 약속을 우리 손에 쥐어 주시고, 왜 더 많은 축복을 구하지 않았느냐고 부드럽게 말씀하시는 분이 우리의 주님, 우리의 구주 예수 그리스도이십니다.

　사랑하는 이여!
　죽은 자들에게서 위로를 구하려 하지 말고, 탁월하신 주님! 귀를 기울이면 마음을 춤추게 하는 은혜의 주님을 만납시다. 주님께서 내 이름을 부르실 때, 우리는 비로소 의미가 되고, 우리가 주님의 이름을 부를 때, 우리의 밤은 그 빗장을 거두고 생명으로 불타게 될 것입니다.

인간의 일생은
한 권의 동화책 같아서
이름을 걸고 누군가 알아봐주길 바라고 있습니다

지나가는 사람들
잠깐의 눈빛
스치는 손길
뒤돌아서는 발걸음을 보며
조금 더 들어주지 않겠냐고
민망한 손을 내밀어 봅니다

그렇게 지나가며 앞장만 까맣게 더렵혀졌다가
잊혀져 가는 것이 인생입니다
저녁이 되고 아침이 됩니다
오늘도 어제와 같으리라고
결론 내린 시작이지만 오늘은 느낌이 다릅니다

어릴 적 어머니 무릎 위에 누워
아무 말 없어도 마음을 속삭였던 사랑이
나를 어루만지십니다

관찰하려 하지 않고
들어주려 하고
가늠하지 않고
마음으로 내 인생의 얼룩들을 해감하려 하십니다

봄날의 따스함이
겨우내 잠든 생명을 깨우듯이
당신의 이야기는
잠들어 있던 나의 인생을 깨워주십니다

그가 내 이름을 부르시니
나도 당신을 불러봅니다
그리운 꽃말 예수..

70. 계절을 느끼다

분주함이라는 단어는 양면성을 가지고 있어서, 한 편의 얼굴은 땀 흘리며 일하는 보람이 있지만, 한 편의 얼굴은 무표정한 도로 표지판과 같이 답답해 보입니다. 때로는 저도 반복되는 일상에 지칠 때마다, 잠시 멈춤 버튼을 누르고 아무도 없는 조용한 자연으로 나아갑니다. 자연이 우리에게 들려주는 소리, 감정, 느낌들을 온 영혼으로 느껴보는 시간을 갖습니다.

어린아이가 고사리 같은 손으로 내 얼굴을 붙잡고 사랑으로 입맞추는 것처럼, 자연은 언제나 그렇게 분주한 나의 마음을 위로해 줍니다. 그런데 오늘을 살아가는 사람들을 바라보면 분주한 일상 속에서 여유를 잃어버린 채 살아감을 봅니다. 모두 각자의 이름을 가지고 있지만, 그 이름의 뜻대로 살지 못하고, 인생이라는 이름표에 "나는 고아입니다"라는 슬픈 정체성을 느끼며 살아가고 있습니다.

사랑하는 이여!
하나님은 우리를 그렇게 살라고 창조하시지 않았습니다. 우리의 그 분주함이 선동하는 대로 억지로 이끌려 살아가는 것을 기뻐하지 않으십니다. 따스한 계절이 우리 앞에 서 있습니다. 그 따스함은 우리의 분주함 속에서 거칠어진 마음을 감지하시고 공감해 주십니다.

오늘 잠시라도 좋으니 분주한 일상 속에서 멈춤 버튼을 누르고 주님과 함께 여유라고 이름하는 산책길을 걸어봅시다. 놓치고 싶지 않은 한 편의 영화처럼, 주님과 동행하는 발걸음에는 우리의 마음을 설레게 하는 평안의 오솔길이 펼쳐집니다.

같이 걸어갑시다!

일상이 피곤하신가요?
잠깐만 멈춤 버튼을 누르고
밖으로 나가보세요

출근길 라디오에서
귀를 스치는 답답한 뉴스보다
순간은 즐거우나 마지막에 허무한
한 편의 드라마보다
한정되지 않는 하나님의 축복이
봄바람 타고 들려오니까요

임재를 느끼며

개나리꽃 춤추는 벤치에 앉아
아버지의 사랑,
한 모금 맛보면
빛살 머금은 하늘
햇빛, 비 내리는 바다
푸른 나무 손짓하는 산의 향기가 하나되어
축복처럼 내 입안에 퍼져갑니다

말하지 않아도 내 맘 아신다고
어깨를 쓰다듬으며 격려하십니다

고생했다고..
사랑한다고..
나는 너의 편이라고..

작은 고사리 손으로 볼을 감싸고
아빠에게 입맞추는 소녀처럼
두 손 맞잡고
사랑하는 당신과 나는
따스한 봄날입니다

71. 정경(情景)

 우리가 살아가는 사회는 경쟁의 문화가 다스리는 사회입니다. 한 인간으로서 존중하고 이해하려 하기보다, 자기 힘과 능력으로 다른 사람을 밟고 올라서는 것이 정의라고 말합니다. 물론 스스로의 땀과 노력으로 성공을 이루는 것은 훌륭한 성취입니다. 그러나 실패했다고 해서 그 사람의 존귀함과 정체성이 가치 없다는 것은 절대로 아닙니다. 왜냐하면 우리 주 예수님은 그런 실패자들을 성취의 사람으로, 하나님의 자녀로 회복시키기 위하여 철저히 실패하셨기 때문입니다.

예수 그리스도의 십자가의 보혈이 우리 마음속에 흘러갈 때, 그 보혈의 강은 성공과 실패의 저울로 판단하는 세상에서 상처받은 우리 영혼에 평안의 초장을 창조하십니다. 우리가 어린 시절을 추억할 때마다 그립고, 애잔한 미소를 지으며, 행복해하는 것은 구원받은 영혼이 하늘 아버지를 그리워하며 그분의 품에 거하고 싶은 영혼의 본능입니다. 푸른 초장 쉴만한 물가에서 풀을 뜯는 한 마리의 양처럼, 우리 영혼은 은혜의 정경 안에서만 평안을 누릴 수 있습니다.

사랑하는 이여!

지나가는 세월이 우리의 이마에 흔적을 남기고, 누군가의 판단으로 인해 성급히 실패의 결론을 내리지 말고, 오늘 주 예수 그리스도가 우리의 기억 속에 창조하신 평강의 초장 속으로 나아갑시다. 그리고 메마른 땅에 천천히 물이 스며들어 살아나듯, 주 예수와 함께 기쁨의 해후를 하며 교제합시다. 눈을 감고 일상의 문을 닫으면 펼쳐지는 우리만의 정경, 오늘 그 정경 속으로 나아가시기를 축복합니다.

시간이 흐르고
인생의 나이테가 하나씩 늘어갈수록
오늘의 혼탁한 일상의 창문을 닫고
마음 깊숙이 간직해둔
추억의 산골로 나아갑니다

거칠은 파도같은 이 세상은
나에게 결론을 바라지만
어린 시절 뛰놀던 꽃피는 산골은
아무 말없이 나를 안아주기 때문입니다

초가집 지붕 위에
굴뚝에서 내뱉는 하얀 연기는
한 그릇 정성스레 담으시는

어머니의 사랑이고
머리에 작은 꽃잎 장식하고
정겨운 친구의 손잡고 뛰놀던 언덕은
분명한 실감입니다

달님이 별님과 함께 춤추고
저녁이 이불을 덮어주면
따스한 아랫목, 어머니 무릎 위에서 잠드는 나는
행복한 한 마리의 사슴입니다

오늘도 누군가는 나를 향하여 평가하고
손가락질하고 저울질하겠지만
나는 오늘의 나를 바라보기보다
내 마음속 깊숙한 곳에
그리운 정경을 함께 바라봐주시는
예수가 그립고 보고 싶습니다

시간이 흐르고 인생의 나이테가 하나씩 늘어도
은혜의 정경으로 찾아오시는
당신을...

72. 찾아내는 즐거움

화가가 그림을 그리기 시작할 때, 캔버스 위에는 아무것도 그려져 있지 않지만, 화가의 마음속에는 이미 완성된 그림이 있습니다. 완성된 그림을 보았을 때 느껴지는 감정과 탄성이 이미 완성되어 있습니다. 그러나 화가가 이 모든 것이 현실이 되기 위해서는 하얀 캔버스 속에 미지의 어두움 속에 빛을 비추어서 그 숨겨진 순간들을 드러나게 해야 합니다. 애매모호한 울림이 아니라, 화가의 터치와 부드러운 떨림이 모든 순간들을 지배해야 아름다운 그림이 완성되는 것입니다.

"이제 다 이루었다"라고 십자가에서 외치신 예수 그리스도는 죄와 사망의 어두움 속에서 인생의 아름다움을 잃어버린 우리에게 한줄기 빛과 같습니다. 그 빛은 우리 삶 속에 실시간으로 배어버린 어두움을 거두어 내시고, 아버지 하나님이 영원 전부터 마음에 품으신 아름다운 작품들을 발견해 내십니다. 그 누군가 우리에게 아무 관심도 가져주지 않는다 해도, 우리는 하나님 보실 때 심히 아름답고 행복한 존재이고, 미덥지 않는 발자취가 아니라, 완성된 미래가 내 앞에 펼쳐져 있음을 발견하게 하십니다.

때때로 우리 눈에 보이는 그림들이 별로 마음에 들지 않을 수도 있습니다. 그러나 그럴 때일수록 예수님의 품에 안겨 은혜의 하늘로 올라가십시오. 그럴 때, 모든 것이 합력하여 아름다운 작품을 그려주시는 하나님의 은혜의 섭리를 발견하게 될 것입니다.

"나는 길이요, 진리요, 생명이라" 말씀하신 주님의 손을 붙잡으십시오. 그분의 위로를 힘입어 살아가십시오. 그럴 때, 보시기에 심히 아름다운 주님의 작품이 우리의 삶에 나타남을 발견하게 될 것입니다.

두 주먹 불끈 쥐고
세상을 향해 내가 존재함을
울부짖기 시작한 순간부터
빛은 무의미의 도화지 위에
마음에 품은 것을 그려내기 시작합니다

아직 아무것도 나타나지 않았지만
그 빛은 살아있는 불꽃처럼
어두움이 숨겨버린 고유한 의미들을
찾아내고 살아나게 합니다

그것은 어두움이 감출 수 없는
영혼의 움직임과
은혜를 갈망하는 떨림이

끊임없이 존재하기 때문입니다

빛을 잃어버린 영혼이
자기를 끌어안아 주기를
간절히 갈망하기 때문입니다

그래서 하나님은 연약한 육신을 입으시고
연약한 그 누군가처럼
두 주먹 불끈 쥐고 세상에 오셨습니다

외면하기보다 바라봐 주시고
침묵하기보다 한마디 빛을 비춰주시며
깨어지고 넘어지며
높고 단단한 벽이 가로막아도
그래도 나는 너를 지지한다고
힘 있게 외쳐 주십니다

길을 잃어 헤매이는 한 영혼에게
빛으로 찾아 오시사
너를 찾아내어 참으로 즐겁다고
미소 지으시려고
빛으로 당신을 찾아오십니다

73. 삶의 여백

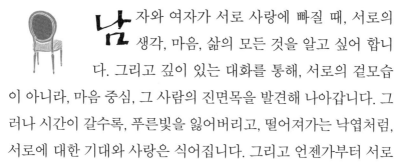 **남**자와 여자가 서로 사랑에 빠질 때, 서로의 생각, 마음, 삶의 모든 것을 알고 싶어 합니다. 그리고 깊이 있는 대화를 통해, 서로의 겉모습이 아니라, 마음 중심, 그 사람의 진면목을 발견해 나아갑니다. 그러나 시간이 갈수록, 푸른빛을 잃어버리고, 떨어져가는 낙엽처럼, 서로에 대한 기대와 사랑은 식어집니다. 그리고 언젠가부터 서로의 대화는 존중과 사랑, 배려가 없는 일방적인 외침과 일방적인 침묵으로 끝나버릴 때가 많습니다.

서로에 대한 이야기에 귀를 기울이기보다, 빛을 잃어버린 달을 바라보는 것처럼, 어두운 침묵이 가득합니다. 이러한 모습은 예수님과 우리 사이에 영적인 대화 속에서도 여전히 계속되고 있습니다.

우리의 마음을 쏟아내고, 주님의 마음을 경청하던 사랑의 순간은 지나가고, 언젠가부터 우리는 우리의 삶과 소원, 목적을 이루어달라고 조르는 어린아이처럼, 우리의 말만 하고, 주님의 음성에는 귀 기울이지 않는 일상을 보내고 있습니다. 훌륭한 작곡가일수록, 연주되는 음표와 쉼표를 적당한 자리에 배치합니다. 짧지만 분명한 쉼표의 여백이, 듣는 이로 하여금 더 깊은 감동을 느끼게 하기 때문입니다.

사랑하는 이여!

우리 주님은 세상 사람들과 같지 않으십니다. 그분은 우리를 판단하지 않으십니다. 그러니 잠시 조급함을 버리고, 주님의 음성에 귀를 기울입시다. 우리의 이야기만 하려던 습관을 버리고, 주님과 교제합시다. 그럴 때, 우리의 모든 이야기가 주님의 마음 안에 유효하게 받아들여지게 될 것입니다. 모든 것을 이루시고, 완성하시는 예수 그리스도가 우리의 빈 여백 속에 축복의 보석으로 가득 채워 주실 것임을 믿으시기 바랍니다.

때로는 아무 일도 하지 않고
조용히 멈춰있는 시간이 필요합니다

둘만의 추억이 가득한
테이블에 앉아
사랑을 속삭이자 약속하면서도
언젠가부터 당신은 듣기만 하고
나만 말하겠다는 듯
내 마음의 소리가 변해버렸습니다

그렇게 보고 싶고 만나고 싶고
마음을 털어놓고 싶은
당신이 앞에 있는데

우리의 대화는 쉼표 없는 악보,
이음줄 가득한 이기적인 음악일 뿐입니다

이제 영혼의 펜을 들고
잠시 쉼표를 그리려고 합니다

나의 분주함 속에
샬롬의 여백이 생기도록
예수 그리스도의 음악이 연주되도록

당신의 말씀이 내 마음에 쌓여
그 누구도 부럽지 않을
기적의 물고기가 가득 차도록

내 인생 쓸쓸한 가을에
주님의 노래가 울려 펴져
'저녁이 되고 아침이 되매'
'보라 새것이 되었도다' 라는
가치를 발휘하기 위하여
싫증나지 않는 주님의 여백,
만나서 다행입니다
살아있어서 행복합니다

74. 여명

사랑하는 사람이 몰래 숨겨놓은 사랑의 쪽지를 발견하듯이, 하나님께서는 우리의 일상 속에 그분의 사랑의 메시지를 숨겨 두셨습니다. 해가 뜨고, 낮이 밝고, 해가 지고 저녁이 되는, 어찌보면 이 당연한 것 같은 반복 속에 우리를 향한 하나님의 분명한 의지가 숨겨져 있습니다. 비록 우리가 경험하는 현실이 어둡고, 답답하고 앞이 보이지 않는다 해도, 이 밤은 지나가고, 구원의 새날, 은혜의 빛이 우리를 찾아오실 것이라는 사실입니다.

어머니 뱃속에 있는 아이를 보십시오. 사람들은 그 생명이 어떻게 자라나고 있는지를 인식하지 못합니다. 그러나 시간이 흘러 크게 울며 세상으로 나왔을 때, 우리는 하나님의 손길이 얼마나 세심하게 그 생명을 창조하고 계셨는지를 발견합니다. 이처럼, 우리의 현실 속에 아무것도 보이지 않는 그 순간에, 하나님의 생명은 숨쉬고, 축복의 씨앗은 성장하고 있음을 믿으십시오. 하나님이 매 순간 우리를 기대감으로 바라봐 주시듯이, 오늘 구원과 생명의 여명이 비춰올 것을 믿으시기 바랍니다.

인생이라는 원고지 위에 썼다, 지웠다를 반복하는 후회의 손길이 되지 말고, 오늘 우리를 주목하시는 주님과 함께 교제하며, 사랑을 속삭입시다. 그럴 때, 주님의 이야기가 우리의 이야기, 사망의 음침한 골짜기와 같은 우리의 마음이, 푸른 초장, 쉴만한 물가로 바뀌는 역사가 실제로 나타나게 될 줄 믿습니다.

정지선에 서서
무릎을 꿇고
금빛 면류관을 갈망하는 눈동자처럼

새날의 생명은
밤의 빗장을 열어
빛의 풍경을 뿌리려 기다리고 있습니다

찡그린 두 눈
감싸 쥐고 있는 두 손
적막을 메아리치는 울음이 울려 퍼질 때
이윽고 구원은 현실이 됩니다

우리의 인생에는
분명한 결론이 없지만

당신은
내 마음을 어떻게 알았는지

움켜쥔 두 손 사이를 흐르는 감격이
이를 증명합니다

때로는 이국땅에 홀로 버려진
고아와 같은 심정이었지만

이제 당신을 보고 당신은 나를 보시며
이제 내 마음 알아주어서
참 고맙습니다

생명 잃은 검은 도화지에
거룩한 시작을 스케치하는
새벽 화가처럼

내 마음,
평강 잃어버린 그 언덕 위에
주 예수 당신의 이야기가 그려지기를
소망합니다

75. 드럼이 되어

저의 어릴 적 추억 중에 가장 잊을 수 없는 것이 있다면, 바로 어둔 밤길을 지나 교회 성전에 엎드려 부르짖어 기도하는 것이었습니다. 그 누구도 저를 주목하지 않았지만, 주님께서는 저를 주목하고 계셨고, 저를 그 누구보다도 사랑한다는 그 따스한 음성은 인생의 후반기를 살아가는 오늘에도 동일하게 따스합니다. 그러나 우리가 그리스도인으로 살아간다는 것은 달콤한 연애소설이 아닙니다. 때로는 답답하고, 슬프고, 따분하기도 하고, 실망감이 찾아올 때도 있습니다.

성경에 약속된 수많은 축복의 약속들은 저와 전혀 상관없는 것처럼 느껴질 때가 있습니다. "나는 길이요, 진리요, 생명이니"라고 말씀하시는 주님의 음성은 수많은 선택의 갈림길 앞에서 우리를 더 망설이게 합니다. 그러나 그럼에도 불구하고, 우리는 믿음으로 주 예수를 바라봐야 합니다.

우리는 환경에 갇혀 있지만, 주 예수님은 환경과 상황을 넘어서 은혜의 섭리 안에 계시는 주님이 되시기 때문입니다. 주님은 광야 같은 우리 인생 속에 은혜의 식탁을 차려주시고, 믿음으로 주를 찾아오는 모든 자들의 영과 육을 만족시켜 주실 수 있습니다.

사랑하는 이여!

오늘 우리의 삶은 어떻습니까? 우리는 임마누엘 예수 그리스도를 의심하는 도마의 눈빛으로 바라보고 있지는 않는지요?

지금 이 시간!

우리의 상황과 환경을 바라보던 눈을 돌려, 믿음으로 주님을 바라보십시오. 작은 가능성의 떡, 마른 믿음의 물고기라도 좋으니, 우리의 가진 것을 주님 손에 드림이 되게 하십시오. 그럴 때, 꿈꾸지 못한 것을 현실이 되게 하시는 주 예수님이, 우리의 불가능을 변하여 축복으로, 평강으로, 만족으로 바꿔 주실 줄 믿습니다.

처음엔 그 부드러운 눈웃음이
너무 좋았습니다

순간을 지나며 만났던
수많은 눈동자 속에서는
사망의 음침한 골짜기만 보였기 때문입니다

그분의 입술에는
어린 소년들이 부르는
평화의 합창이 있어서
당신이 가는 곳에 내가 있고
내가 걷는 자리마다

당신의 자취가 있었습니다

그러나 우리의 현실은 광야와 같아서
영혼을 만족케 하는 떡보다
육체를 채우는 양식을 구하고 있습니다

믿음의 눈이 불신이 되고
아멘의 입술이 아쉽게 한숨을 내쉬는 그 때
하늘을 우러러 두 손을 드시고
감사를 발하시는 예수

당신의 손에서 떡이 또 다른 떡이 되고
물고기가 또 한 마리의 물고기가 되었습니다

대답 없는 광야 위에
베풀어진 축복의 잔치,
모두가 행복합니다

마주 보며 미소 짓는 우리의 눈웃음이
보기에 참 좋습니다

76. 하늘에 쓴 편지

아담이 범죄한 이후로, 모든 인간은 다들 무엇엔가 얽매이며 살아갑니다. 자기 일, 가정, 사람, 문제, 질병, 상처같은 많은 것들에 매여 있습니다. 그리고 진정한 자유를 누리던 영혼은 태초에 누렸던 그 자유를 갈망하는 본능이 있습니다. 얽매이던 삶을 벗어나 진정 "나"이고 싶을 때가 존재합니다.

그럴 때마다 주님은 우리가 아래가 아니라, 위를 바라보기를 원하십니다. 구원받은 후에 우리에게 주신 믿음의 날개를 활짝 펴고 은혜의 하늘 위로 날아오길 원하십니다. 그리고 우리의 마음을 담아 우리의 눈물로 쓰여진 인생의 편지를 하늘 도화지에 쓰라 하십니다. 한 글자 한 글자 쓰다 보면, 어느샌가 주님은 우리 등 뒤에서 우리 인생에 공감하시고, 안아주시며, 부드럽게 등을 두드려 주십니다. 우리와 눈동자를 맞춰주시고, 언제나 믿는다는 듯 고개를 끄덕여 주십니다.

사랑하는 이여!

인생이 지치고 힘듭니까? 위를 바라봅시다. 날개를 펴고 은혜의 창공을 향해 날아갑시다. 그리고 오늘 우리의 인생을 성령의 바람에 실어 주님께 올려드리십시오. 다니엘에게 "강건하라!" 말씀하신 주님이 우리의 처진 영혼을 강건하게 하실 것입니다. 눈물로 번져버린 우리의 편지 위에 기쁨의 손 글씨로 답장해 주실 것입니다. 한나의 부르짖음에 사무엘로 응답하신 주님께서 믿음으로 하늘에 편지를 쓴 우리의 삶에 생명의 답장을 써서 보내 주실 것임을 믿으시기 바랍니다.

하늘이라는 편지지는 믿음의 손길을 기다리고 있습니다. 오늘 주님께 우리의 마음을 고백해 봅시다. 오늘 쓰여질 믿음의 편지가 기대됩니다!

딱딱한 표정의 빌딩 사이로
고개를 내민 푸른 숲은
고요한 여유를 말하고

거친 숨소리를 내쉬며
어딘가를 향하는 자동차는
바쁜 일상을 살아가는
인생을 달려가지만,,,

오늘의 나는
나도 모르게 입혀진 인생을 입고
누군가의 만족을 구하는
마네킹과 같습니다

때로는
나도 그 누군가를 위해서가 아니라
내가 되고 싶어서
아침 바람 불 때마다
소망의 날개를 펴고
저 높이 어딘가로 날아봅니다

높이높이 날고 날아 구름을 넘어보니
그 누구도 밟지 않은 파란 대지
흐르는 눈물을 잉크 삼아
작은 손가락으로
내 마음을 하늘 도화지 위에 써봅니다

아무도 나를 몰라줘도
내 눈물 모아 쓰여진 편지를
정성스레 매만지는
그분이 좋기 때문입니다

일상으로 돌아서는 뒤안길에
나를 안으시고
마음을 담아 두드리시는
그 손길이 좋기 때문입니다

77. 믿음의 발자국

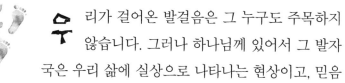

우리가 걸어온 발걸음은 그 누구도 주목하지 않습니다. 그러나 하나님께 있어서 그 발자국은 우리 삶에 실상으로 나타나는 현상이고, 믿음의 흔적이 됩니다. 아브라함이 걸었던 발자국은 하나님이 주시는 복의 통로가 되었고, 요셉이 노예로 끌려갔던 사막 위의 발자국은 야곱의 가정과 온 애굽을 구원하는 오아시스가 되었습니다. 병든 자, 연약한 자의 발자국은 치유와 회복으로 나타났고, 예수님의 발걸음은 구원으로 나타났습니다.

이처럼, 우리의 발자국은 하나님의 역사를 성취하는 능력이 됩니다. 세상 사람들이 나아가는 방향으로 가지 말고, 오늘 믿음의 발자국을 내디딥시다. 요나와 같이, 가룟 유다와 같이 세상의 만족을 향해 나아가지 말고, 매 순간 성령을 의지함으로, 성령이 가라 하시는 곳으로 가고, 멈추라 하는 곳에서 기다립시다.

그럴 때, 하나님께서 우리의 발자국을 기억하시고, 은혜의 길, 축복의 통로로 바꿔 주실 줄 믿습니다. 나를 붙들고 기적과 부흥과 회복을 나타내시는 하나님의 역사를 발견하게 될 것입니다. 이전과는 새로운 은혜의 계절 속에서 살아가게 될 것임을 믿으시기 바랍니다.

무거운 밤을 밀어내고
태양을 바라는 해바라기처럼
은혜를 갈구하며 나아온
당신의 발걸음을 칭찬합니다

여기 이 자리에 오기까지
그 누구도 당신의 발자국을 기억하진 않지만
사랑의 근원은
눈웃음으로 기억하십니다

쥐엄열매를 버리고
두려움과 떨림으로 내디뎠던 발자국에서

긍휼을 간구하는
한 영혼의 용기를 보고

비난의 눈초리와
멸시의 손가락을 등에 지고
주님의 옷자락을 붙드는 발자국에서

창조의 영이신
그분을 신뢰함을 봅니다

온 인류의 죄를 등에 지고
저주의 골짜기를 향해 내딛는 발자국에서
한없는 사랑과
한없는 긍휼과
한없는 용서의 절정을 봅니다

한 영혼이 내딛는 발자국은
우리의 삶과 영혼과
하나님의 마음을 바꿉니다

당신의 발자국은
당신께 어떻게 나타나고 있습니까?

오늘 당신이 내딛는 그 한 걸음이
은혜의 한 걸음이 되기를 축복합니다

78. 소풍

저의 아이들이 어린 시절에, 학교에서 소풍을 가는 날이 되면, 저는 김밥 재료를 구입해서 김밥을 직접 싸주고, 과자나 음료수 같은 것을 가방에 한가득 채워 주었습니다. 그리고 아이들은 먹을 것이 가득한 그 가방을 바라보며, 소풍 갈 것을 기대하며 밤새 잠을 못 잤습니다. 친구들과 함께 자연으로 나아가, 김밥도 먹고, 즐겁게 뛰어놀고, 서로 어깨동무를 하고 활짝 웃고 있는 사진들이 가족 앨범 안에 남아 있습니다.

바쁜 일상과 분주한 삶을 살아가는 이여! 이처럼, 우리의 영혼도, 앞만 보며 달리던 발걸음을 멈추고 주변을 돌아보는 여유를 갈망하고 있습니다. 우리의 눈은 사진기와 같아서, 우리 삶에 스쳐가는 순간들을 마음속에 남겨두지만, 기쁘고 행복했던 순간보다는 눈물 나고 힘들었던 순간들이 더 많이 남아 있습니다. 그래서 예수 그리스도는 오늘 우리의 삶에 찾아오십니다. 우리의 손을 꼭 잡으시고, 옛날 다윗을 위로하시고, 만족하게 하셨던 쉴만한 물가로 우리를 데려 가십니다.

어머니가 사랑하는 아이의 얼굴을 정성스레 씻어주듯이, 주 예수님은 구원의 보혈로 눈물자국 가득한 내 영혼을 씻어 주시고,

우리와 눈을 맞춰 주셔서, 우리를 향하신 주님의 사랑이 우리의 마음에 봄꽃 머금은 풍경화처럼 그려지게 하십니다.

사랑하는 이여!

분주한 일상을 잠시 멈추고, 우리에게 손을 내미시는 주 예수님의 손을 잡아 보십시오. 그리고 어린 시절 기쁜 마음으로 소풍을 가듯이, 푸른 초장 쉴만한 물가로, 주님과 함께 평안의 소풍을 떠나보시는 것은 어떨까요?

저녁이 되고 아침이 되어 말씀이 창조의 영으로 이루셨듯이, 당신의 저녁이 저물고 아침이 될 때, 주 예수 그리스도의 평강이 우리의 마음과 생각을 지키고 붙들어주시는 것을 발견하게 될 것입니다.

저녁이 되고 아침이 되었습니다

사랑하는 이를 향해 달려가는
어린아이처럼 가슴은 두근두근 거리고
화가의 터치로 나타나는 풍경화처럼
오늘 주님과 내가 함께 그릴
추억들이 기대됩니다

마음 담고 정성 담아

도시락을 싸고
마음속 한가득 붙여놓았던
빛바랜 사진들을 떼어냅니다

마주 잡은 두 손,
서로의 온기를 느끼며 봄 위를 걷습니다

당신의 눈 속에 내가 있고
내 눈 속에 당신이 계시니
어둠 가득한 마음에
빛이 있고 생명으로 충만합니다

다함이 없는 사랑 담긴 꽃송이,
내 머리에 꽂으시고
나는 주님의 무릎에 누워
잔잔히 눈가를 스치는
성령의 입김을 느껴봅니다

어느덧 어둠은 사라지고
주님과 나의 아름다운 추억이 한가득

저녁이 되고 아침이 되니
바라보기에 심히 아름답습니다

79. 계절이 노래하다

새 생명으로 충만한 봄입니다. 모든 나무와 꽃들이 생기로 기지개를 펴고 봄을 노래하는 이때, 주님은 빛으로 오시사 잠든 우리 영혼을 깨우십니다. 그리고 하나님의 창조의 빛은 무의미한 우리 삶에 의미가 되고, 따뜻한 봄날이 됩니다. 구원의 봄은 유혹의 겨울을 조용히 꾸짖고, 우리 영혼을 악기 삼아 성령이 구원의 노래를 연주하길 원하십니다.

똑같은 노래라 할지라도, 그 노래를 누가 부르고, 어떻게 부르냐에 따라, 다가오는 느낌과 감정, 감동이 색다르듯이, 성령에게 붙들린 사람의 노래는 아름답습니다. 그러나 그 노래는 항상 밝지만은 않습니다. 때로는 눈물나게 슬프기도 하고, 무표정하게 들리기도 하고, 우울한 노래로 들려질 때도 있습니다. 하지만, 하나님의 손에 의해 연주되는 눈물의 노래는 감격이 있고, 위로가 있습니다.

무표정하게 들려지는 노래라고 해도, 나 자신을 돌아볼 수 있고, 진정한 기쁨을 주시는 분은 하나님이 되심을 깨닫게 합니다. 우울한 노래라 해도 하나님을 바라보며 부르면, 바울과 실라가 경험했던 구원의 역사가 우리의 삶에 나타나게 됩니다.

그러므로 사랑하는 이여!

오늘 하나님의 계절을 받아들입시다. 그리고 우리의 전 존재를 하나님께서 구원의 활로 연주하실 수 있도록 내어드리십시오. 그럴 때, 우리의 오늘과 내일과 일주일, 일년, 평생에, 여호와 하나님의 선하심이 항상 함께하고, 평강의 노래가 끊이지 않을 줄 믿습니다. 모든 슬픔의 눈물을 돌이켜 감사와 감동의 포도주로 변화시켜 주실 줄 믿습니다.

베들레헴 밤하늘에
하늘의 평강을 비추던 별빛이
우리의 밤을 비추고..

잠자던 영혼을 덮던
어두움을 닦아내듯
영의 눈을 비비며 기지개를 켭니다

전능자의 음성에 따라
마음속 무의미 속에
창조의 바람이 불고

나는 그에게
그분은 나에게

서로가 특별한 사이,
푸르른 계절이 되었습니다
확신의 음성,
내 마음을 억누르던
유혹의 부드러운 속삭임을 꾸짖고

구원의 활로
내 영혼을 악기 삼아
예수의 은혜와 아버지의 사랑과
성령의 권능을 연주합니다

사랑의 여호와..

그대의 이름은
새로운 계절의 시작
삶의 의미

구원을 희망하는 모든 이에게
평안의 향기가 될 것입니다

80. 보고싶은 사람

우 리가 신앙생활을 하다보면, 우리의 삶에 도움을 주시고, 치유를 베푸시며, 복을 주시는 주님을 바라볼 때가 많습니다. 그러나 우리의 삶을 통해 주님이 무엇을 보길 원하시는지는 관심이 별로 없습니다. 주님은 우리가 삶 속에서 복을 받고, 이 세상에서 행복하게 사는 것을 바라고 계십니다. 그러나 세상의 복을 뛰어넘어, 주님이 보시기에 아름답고, 자라나고, 영적으로 성숙한 나를 보기를 원하십니다.

저의 삶을 돌아보면, 지난 30여 년이 넘는 시간동안, 하나님께서는 제게 7년 6개월을 금식을 하며, 하나님께 기도하도록 명령하셨습니다. 육체적인 고통도 고통이지만, 사랑하는 자녀들과도 떨어져 있어야 했고, 철저히 하나님만 바라보는 시간이었습니다. 그러나 그 긴 훈련을 마치는 그날, 주님께서 저에게 들려주시는 음성은 단 한마디였습니다.

"네 죄사함을 받았느니라."

이 음성을 들으며 저는 깨달았습니다. 하나님께 쓰임받기 위해서는 제가 하나님께 보고 싶은 사람, 쓰고 싶은 사람으로 변화되어야 한다는 것이었습니다. 저는 없고 주님은 있으며, 저는 죽고 주님이 제 안에 살아계셔야 만이 주님께서 저를 사용하실 수 있음을 깨달았습니다.

사랑하는 이여!

우리는 예수님이 필요한 사람을 넘어서, 예수님 보시기에 아름다운 사람이 되어야 합니다. 주님이 찾으시는 아름다운 우리가 되기를 축원합니다. 지금 우리가 처한 삶의 상황이 힘들고 어렵다고 낙심하지 맙시다! 영혼을 다듬으시는 예술가 되신 주님께서는 지금 우리를 은혜 가운데 다듬고 계십니다. 그리고 요셉과 아브라함을 다듬으시어 형통의 사람으로 만드신 주님께서 우리의 삶도 형통의 삶, 은혜가 풍성한 삶으로 다듬고 계심을 믿음으로 살아갑시다. 그럴 때, 우리는 주님께 가장 보고 싶은 한 사람으로 마음속에 기억되게 될 것입니다.

...

당신이 보고 싶은 예수님 말고
예수님이 보고 싶은 당신은 누구일까요?

그의 얼굴은
하얀 피부를 가진 어린아이와 같습니다

육적인 욕망과 세상의 달콤함이 섞인
쾌락의 과자가 아니라
성령의 가슴에서 흘러나오는
생명의 생수를 마신 자입니다

눈은 하늘 위로
발은 의의 길로
손은 보좌를 향해
쉬지 않고 경배함으로 박수를 치고

입술은 주야로
당신의 마음을 읊조립니다

미소는 예수님을 닮고
아버지처럼 울며
성령님처럼 불의 혀로 외치기를 쉬지 않고
심지가 아니라 기름을 태웁니다

오늘도 이런 사람이 보고 싶으셔서
사슴이 시냇물을 찾듯이
인생을 찾아다니십니다

당신이 예수님을 보고 싶은 만큼
예수님께 보고 싶은

그 한 사람이 되기를 소망합니다

81. 내가 믿나이다

우리는 연약하여 순간순간마다 믿음이 흔들리지만, 하나님 우리 아버지는 어제나 오늘이나 영원토록 동일하십니다. 이것은 주님께서 우리를 사랑하고 돌봐주시되, 냉철하고, 흔들림 없으며, 안정적으로 우리를 지켜주심을 의미합니다. 우리의 심장이 일정한 리듬으로 두근거리듯이, 모든 상황 속에서 하나님의 섭리는 일정한 은혜의 리듬으로 우리의 영혼에 속삭이는 평강으로 울려 퍼지고 있다는 것입니다.

사랑하는 이여! 이 평강의 소리, 은혜의 리듬에 맞춰 삶을 살아가고 있는지요? 우리의 매일은 거친 파도와 강한 바람이 불어오는 바다 위를 걷는 것과 같습니다. 그런 인생의 파도 속에 우리 주 예수 그리스도가 찾아오십니다. 그 인생의 파도 속에서 우리가 선택할 수 있는 것은 둘 중에 하나입니다. 두려움과 염려에 휩싸이든지, 베드로처럼, 담대하게 주님을 향하여 믿음의 발걸음을 내딛는 것입니다.

주님은 베드로에게 "오라!" 하셨습니다. 그리고 베드로는 주님의 말씀을 신뢰함으로 바다를 걸었습니다. 이처럼, 우리 주님은 오늘도 우리에게 "나에게 오라!" 말씀하십니다. 우리가 주님의 음성을 신뢰할 때, 우리는 죄와 염려와 질병과 사단의 시험을 발로 밟을 수 있습니다. 염려의 삼겹줄이 끊어지고, 사랑의 주님의 품에 안길 때, 우리는 인생의 고난이 아니라, 목자의 인도를 따라 쉴 만한 물가로 나아가는 즐거운 축복의 길임을 깨닫게 될 것입니다.

사랑하는 이여!

인생은 연습이 아닙니다. 오늘 우리의 결정과 행동은 되돌릴 수 없습니다. 그러므로 우리의 삶을 주님께 맡기고, 그분만을 온전히 신뢰합시다. 어설픈 판단으로 하나님의 은혜를 가늠하려 하지 말고, 살아있는 가슴과 풍성한 축복의 말씀을 선포하시는 그분의 입술을 바라보며 매일을 살아갑시다. 그럴 때, 섬세하고, 주의 깊은 손놀림으로 우리의 삶을 붙들어 주시는 주님의 사랑을 경험하게 될 줄 믿습니다.

저 하늘의 새들이
그토록 편하게 날수 있는 것은
순간순간마다 그 아래를 받쳐주기 때문입니다

저 나무가 푸르게 자라는 것도
봄의 두 팔에 안겨
사랑을 속삭이기 때문입니다

어린아이가 배고픔에
슬피 우는 것도
어머니가 이제 곧
만족하게 해 줄 것을 믿기 때문입니다

오늘의 삶은
쉼 없는 마라톤

의미 없고 뒤섞여진 꿈을 붙들기에
믿음의 빈자리는 너무 큽니다

바쁘게 살지 말고
이제 그분을 믿어보세요

당신은 오늘도
웅장하게 서 있는
염려의 여리고 앞에서
두려운 마음으로 서 있을 것이지만

오늘 이 순간,
있는 그 자리에서
주 예수 그리스도를 신뢰하세요

'주여, 내가 믿습니다'

이 한마디는
염려의 탯줄을 끊어내고
섬세한 사랑으로 나를 안으시는
하나님!

따사로운 그 빛살로
내 영혼을 어루만지는
아버지를 만나고, 보고, 느끼고
경험하게 할 것입니다

82. 당신의 꽃이 되어

혹시 짝사랑을 해본 경험이 있는지요? 어린 시절 짝사랑하던 대상을 떠올려보면, 그 사람을 볼 때마다 마음이 두근거리고, 설레고, 얼굴을 한 번이라도 더 보고 싶었던 추억이 떠오를 것입니다. 그러나 어떤 사람들에게는 이루어지지 않은 사랑이기 때문에 아쉽고, 슬픈 기억으로 남아있기도 합니다.

예수님은 사랑받지 못하지만, 한 사람을 사랑하는 짝사랑하는 여인으로 나타나기도 합니다. 그 사랑은 "한 송이의 꽃"으로 드러납니다. 우리를 향한 주님의 사랑은 언제나 한결같지만, 정작 그 사랑받는 사람은 그것이 사랑인지를 깨닫지 못하고 있습니다. 그러나 진정 감사한 사실은 우리의 절망에도, 우리의 무관심에도, 우리의 연약함에도 주님은 여전히 우리를 사랑하시고 우리의 메마른 심령 속에 작은 꽃이 되어 주시어 은혜의 향기를 흩날리고 계시다는 사실입니다.

뿐만 아니라 예수님은 우리가 당하고 있는 이 현실이 아니라, 우주적인 시각, 미래적인 시각, 완성된 미래를 보고 그것을 우리에게 선포하십니다. 저의 인생도 돌아보면, 평탄한 날보다는 눈물과 아픔과 고통의 날이 더 많았습니다. 그러나 그 때마다, 주님은 저의 손에 작은 위로의 꽃을 안겨주심으로 저를 격려해 주셨고,

새로운 소망의 비전을 선포하시고 이루어 주심을 통해서 저를 성장시켜 주셨습니다.

사랑하는 이여!
지금 가만히 눈을 감고, 마음을 들여다보세요! 주님이 우리와 함께 하십니다. 우리의 슬픔과 절망 속에 주님은 오늘도 샬롬의 향기를 흩날리고 계십니다. 오늘 이 향기를 마음으로 맡아 보십시오. 그래서 예수 그리스도께서 우리의 삶을 통해 이루실 놀라운 일들을 기대하며 새 소망과 확신 가운데 삶을 살아가는 믿음의 사람이 되기를 주님의 이름으로 축원합니다.

당신은 아시나요?
그 누군가 나를 불러주기 전에
나는 당신의 꽃이었다는 것을..

밤이 지나
여명이 비치고

태양이 뜨며
노을 지는 것이 세상이지만

그래요, 나는 당신의 꽃이었어요..

비록 어둡고
아무도 봐주지 않으며
홀로 꽃피워 있는 것이 외롭지만
오늘도 나는 당신의 꽃이 되어
그 날을 꿈꿔봅니다

하늘의 하나님이
그 얼굴빛을 비추시고

이른 비와 늦은 비로
내리워 주실 그날에
어둠 가득한 당신의 마음이
평화롭고 아름다워질 것을 믿습니다

슬픔 가득한 당신의 입술에
감사의 찬양이 흘러 넘쳐
이슬처럼 내 마음을 적셔줄 것을 믿습니다

이 그리운 꿈을 꾸며
시달픈 마음을 가다듬고 말해 봅니다

그래요, 나는 당신의 꽃이었다고
그래도, 당신의 꽃이 되리라고..

살아계신 하나님을 지금 여기서도 만날 수 있기를...

시를 쓰다보면, 화려하고 웅장하면서도 그 지조를 지키는 자연 앞에서 어떤 색으로 채색해야 할지 모르는 화가가 된 느낌일 때가 있습니다.

삶의 이야기들, 하나님, 예수 그리스도, 그분의 영이신 성령! 그리고 그 삼위일체 하나님이 우리 삶에 행하신 놀라운 은혜를 표현하기에, 인간의 단어는 너무도 부족하기 때문입니다.

그래서 나는 해석하려는 습관을 버렸습니다. 순간순간 하나님이 시를 쓰는 저의 감정과 생각과 단어들을 붙들어 주시기를 기대했습니다.

하나님의 은혜에 의해 해석되고 표현된 단어들이 시로 쓰여질 수 있도록 성령님께 손을 맡겨드렸습니다.

나는 유명한 시인도 아니고, 시를 잘 쓰는 기교는 없습니다.

부디 이 시들을 읽어가는 당신께 바라는 점이 있다면, 살아계신 하나님을 만나보라는 것입니다. 그 하나님이 당신의 삶을 해석하고 만들어가시도록 맡길 수 있기를 소망합니다.

따스한 차 한 모금을 마시듯, 언젠가 은혜로 가득한 당신의 시를 만날 수 있기를... - 전담양

전담양 목사의
내 영혼의 편지
〈방송 메시지〉

스마트폰 앱 「QR바코드읽기」 다운 받아 듣기

노래하는 향기

마주 보다

바라보다

복을 드리는 자

볼륨을 높이세요

새해 예찬

인생 캔버스

초장에 서서

한 모금의 위로

꽃의 고백

※ 전담양 목사님 방송 안내

● 라디오　서울극동방송 수요일 오후 9시 15분 (시와 묵상)
　　　　　CBS 인터넷 라디오 JOY4U
　　　　　　　매일 오전 8시 (최정원의 아침 산책 중 시와 묵상)
　　　　　　　매일 오후 10시 55분 (송정미의 축복송 중 칼럼)
● TV　　　C3TV (GOOD TV) 수요일 오후 1시
　　　　　CLTV (cltv.co.kr) 파워 메시지

(2018. 여름 기준)

평신도가 쓴
새벽기도 365일 도전

새벽기도를 체질화할 수 있는 방법 제시!

30여년 동안 새벽기도인 김남정 집사의
새벽기도 40일/새벽기도 365일 도전법!
1일/1주/40일 특새인은 365일 날새인이 된다

김남정 지음

전도 2 관왕
할머니의 전도법

1년에 젊은이 100여 명을 교회로 인도한
60대 할머니의 전도법과 주님께 받은 축복들!

박순자 지음

잠언에서 배우는
지혜 12가지

〈두 자녀를 잘키운 삼숙씨의 성경적 체험 양육법〉

정삼숙 지음

《맞춤형 30일간 무릎기도문 시리즈》

염려대신 기도합시다! 기도하면 문제가 해결됩니다!

가정❶ 자녀를 위한 무릎기도문
가정❷ 가족을 위한 무릎기도문
가정❸ 남편을 위한 무릎기도문
가정❹ 아내를 위한 무릎기도문
가정❺ 태아를 위한 무릎기도문
가정❻ 아가를 위한 무릎기도문
가정❼ 재난재해안전 무릎기도문(부모용)
가정❽ 재난재해안전 무릎기도문(자녀용)
가정❾ 십대의 무릎기도문(십대용)
가정❿ 십대자녀를 위한 무릎기도문(부모용)

교회❶ 태신자를 위한 무릎기도문
교회❷ 새신자 무릎기도문
교회❸ 교회학교 교사 무릎기도문

365❶ 우리 부모님을 지켜 주옵소서(365일용)
365❷ 번성하게 하고 번성하게 하소서(365일용)
365❸ 자녀축복 안수 기도문(365일용)

기도❶ 선포(명령) 기도문

망망한 바다 한가운데서 배 한 척이 침몰하게 되었습니다.
모두들 구명보트에 옮겨 탔지만 한 사람이 보이지 않았습니다.
절박한 표정으로 안절부절 못하던 성난 무리 앞에 급히 달려 나온 그 선원이
꼭 쥐고 있던 손바닥을 펴 보이며 말했습니다.
"모두들 나침반을 잊고 나왔기에… "
분명, 나침반이 없었다면 그들은 끝없이 바다 위를 표류할 수 밖에 없을 것입니다.

우리는 삶의 바다를 항해하는 모든 이들을 위하여
그 나침반의 역할을 하고 싶습니다.
우리를 구원하신 위대한 주 예수 그리스도를 널리 전하고 싶습니다.

"하나님은 모든 사람이 구원을 받으며
진리를 아는 데에 이르기를 원하시느니라"
(디모데전서 2장 4절)

내 영혼의 편지

지은이 | 전담양 목사
발행인 | 김용호
발행처 | 나침반출판사

제1판 발행 | 2018년 6월 10일

등　록 | 1980년 3월 18일 / 제 2-32호
주　소 | 07547 서울특별시 강서구 양천로 583
　　　　블루나인 비즈니스센터 B동 1607호
전　화 | 본사 (02) 2279-6321 / 영업부 (031) 932-3205
팩　스 | 본사 (02) 2275-6003 / 영업부 (031) 932-3207
홈　피 | www.nabook.net
이 메 일 | nabook@korea.com / nabook@nabook.net

ISBN　978-89-318-1560-3
책번호　가-1106

값은 뒷표지에 있습니다.